明日《あした》がある

秋月 洋子

文芸社

明日がある◆目次

目次

一、生い立ち——北海道での日々

子ども時代

一九三九年九月八日、私は北海道の日高地方の漁村で、誰からも祝福されることもなく、弱々しい産声を上げて生まれました。

名前は秋月洋子。家族は祖父母と母。そして、近所で忙しく商売をしているので祖母が家に連れて来て、そのまま同居している加藤家四歳の文ちゃん。

私は、生まれたときはひよわな子でしたが、どうやら元気で明るい子に育ちました。

近所では「ヨッコちゃん」の愛称で呼ばれていました。お正月には晴れ着に、爪皮と滑り止めの付いた下駄を履き、近くにある金毘羅神社にお参りに行きました。会った人たち皆に挨拶をする茶目っ気のある子でした。

日高地方は雪が少なく「シバレル」という言葉がぴったりです。そこへ太平洋岸となれば常に強風で、海は荒れる日が多いのです。吹雪で外には人の姿は見当たらないこともあります。そんな日も、私は祖父がつくってくれた誰よりも立派でよく滑るソリを引っ張って、金毘羅神社の坂へ向かうのです。風のない日は竹スキーで滑ります。ひとりで黙々と滑っていておしっこをもらしてしまい、泣きべそをかいて家に戻ったこともあります。すると、腰の曲がっている祖父が私を抱きかかえ、ストーブの前にあぐらをかき、その中に私を座らせて両手をさすってくれました。そして、私の手をストーブにかざし、「かれっこ焼いてとっくり返して焼いて醤油っこつけてうまいうまい」と食べるしぐさを繰り返すのです。

その後は必ず寝てしまっていたようです。私はこの祖父が大好きでした。祖父は、東京で生まれ育ったのですが、実母が亡くなり後妻が入ることになったとき、家族の反対を押し切り建築家を志しひとりで北海道に渡ったのです。浦河、静内、節婦と町役場や学校、漁業組合など、当時では大きな建物を残しています。日高では名の知れた建築家でしたが、私が物心ついたときはお弟子さんはいませんでした。そして祖母とおそば屋をやっていました。屋根から落ちて腰が曲がってしまっているのが、気の毒でした。

祖母は気が強く負けず嫌いで、その上衣装道楽だったようです。

我が家ではいつも近所の人が寄り合う「むじんこう」をするのです。そのときのおもてなしは、数種類のお漬けものです。それが自慢なのでしょう。この漬けものを漬けるのに人手を頼んで、納屋の縁の下には大きな樽が十個ぐらい並べてありました。

ある日のこと、叔母が大阪から帰郷するというので私は胸をわくわくさせて待っていました。この叔母は、玲子叔母さんといって、母の妹ですが、血はつながっていません。村の駐在所の子として生まれたのですが、産後の肥立ちが悪く母親が亡くなってしまったため、祖母が引き取って育てたのです。

「文ちゃん、待ち遠しいね！　早く来ないかなあ」

とひとりそわそわしていました。やがて叔母は、たくさんのお土産を持って、大阪なまりで、「ただいまあ」と帰ってきました。

「叔母さん、どんなおみやげ？　ね、見せて、見せて！」とせかせます。文ちゃんはおとなしいので、私の横でにこにこしているだけです。おみやげは洋服とあわおこし、それに缶入りのドロップでした。自分のを受け取ると、今度は近所におみやげを配るのです。私は叔母のハイヒールを履き、カッポンカッポンと音を立て、文ちゃんには大きな籠を持ってもらい数軒の家を回ります。

「こんにちは。あのね大阪の叔母さんが来たの、つまらないものですがどうぞ！」

私たちは得意満面です。そうするとどこの家でも「そうかい、よかったね。モダンな靴だねえ。やっぱり大阪の人は違うねえ」と私の足元を見て言います。

「そしたら玲子ちゃんにこれ食べてもらって」

じゃがいもやとうもろこし、かぼちゃなど手渡してくれます。ここで、文ちゃんの出番です。私の後ろからそーっと籠を出すのです。

「おばさんありがとう！　玲子叔母さんきっと喜ぶよ」

私は実にこましゃくれた子どもでした。その間、文ちゃんは一言も言わず、相変わらず私の後ろからついてきます。こんなふうに天真爛漫な子ども時代でした。

終戦の翌年、小学校入学でしたから物のない時代です。おとなしい祖父がめずらしく玄関を入るなり、「ヨッコ、ヨッコ！」と大声で呼んでいます。

「おじいちゃん、どしたあ？」

駆けつけてみると、黒い皮のランドセルを手にしていました。それを私に背負わせてくれました。そのときの祖父の嬉しそうな顔は、見たことがないくらいでした。

「ヨッコ、今夜は浪花節聞きに行くから、今のうち昼寝しとけや」

我が家は角家なので、劇場主の田島さんから頼まれてビラを貼っていました。だから、入場料は無料なのです。劇場の床はむしろを敷いてあるだけなので、座布団を小脇にかかえて行きます。その夜も祖父は大きい座布団を、私は祖母がつくってくれたふっくらして座り心地のよい小さな座布団を、同じように小脇にかかえました。そして、祖父に手を引かれて出かけるのです。

祖母もお芝居が好きなので、やはり私がお供します。地方巡業の芝居です。

楽団のあるときは飛び入りをさせてもらえるので、劇場主の三人の姉妹とよく出演しました。祖父母が喜ぶのが嬉しくて得意になってやったものです。

近所の八重ちゃんに「ヨッコちゃんの父さんはいないの、どしたのさ?」と聞かれることがありました。すると私は、「私が生まれてすぐ死んだんだって」とけろりとして答えるのです。

父のいない寂しさを感じることがなかったのは、祖父がこよなく私を愛してくれたからだと思います。

ある日の夕方、文ちゃんと醤油を買いに岡田商店に出かける途中のことでした。山岸の勝義君と飯島の良男君が石を投げて喧嘩していたのが、運悪く私の眉毛の上に当たったのです。額から血が流れ、文ちゃんが真っ青になり祖父に告げました。祖父は血相を変えて両家へ怒鳴り込みに行きました。

ふたりのいたずら坊主はそれぞれ親に連れられて私のところへ謝りに来ました。「仏の秋月のじいさん」と呼ばれていた祖父が怒鳴り込んで行ったとあって、村中の話題になったものです。

それから間もなく、その冬に我が家の近くの橋で祖父は脳溢血で倒れ、長患いもせずあの世へ行ってしまいました。私は、六歳でした。寂しさ悲しさを紛らすためだったのか、私は毎日毎日ひとりで、祖父がつくってくれたソリで滑っていました。

我が家に男手がなくなったので、親しくしている橋本のおじさんが母に縁談を持ってきてくれました。同じ秋月さんという名前の人です。男の子がふたりいて、長男は私より七歳上で、次男は四歳上です。祖母は私を呼んで「ヨッコはどうだ、いいかい？」と聞くので、「兄さんができたら、にぎやかになるし嬉しい」と即答しました。

私は、文ちゃんが学校から帰るのを待ちかねて、顔を見るなり、

「文ちゃんも嬉しいでしょう。ふたりも兄さんができるんだから」

と言いました。文ちゃんは、私の勢いに負けてうなずくより仕方がなかったようです。

秋月親子三人を養子として迎えることになりました。その日から七人家族になり、私ひとりがはしゃいでいました。義父も私にやさしくしてくれるし、「父さん、父さん」と言って慕っていました。義父は漁船の機関士で働き者でした。しかし、翌年、男の子が生まれた途端、本性を現しました。

毎晩酒を飲んでは祖母に当たり散らすのです。

「こんな貧乏な家に養子に来いだと？　人を馬鹿にしやがって」と怒鳴ったかと思うと、文ちゃんに向かって「こらあ、よその子ども、酒買ってこーい！」と怒鳴るのです。この日から我が家の平和は消えてしまいました。

仕事から帰っては焼酎をあおり、海が時化《しけ》て仕事に出ないときも酒……。気の強い祖母はそのたびに怒り狂っていました。私と文ちゃんは寝床で震えているばかりです。そんなとき窓から外に向かって両手を合わせ、

「おじいちゃん、おっかないよう、助けてぇ！」

と心で叫びながら涙を流しました。私が小学校の四年生になったとき、祖母もやはり脳溢血で倒れ一カ月ほど床に就きました。あるとき、私を枕元に呼び枕の下から二枚の写真をとり、「これがおまえの父さんだよ」と渡してくれました。

その数日後、祖母はあっけなく世を去りました。葬式には、大阪の叔母がやってきましたが、この日も義父は酒を飲み、大暴れしました。祖母の弟や叔母さんとも大喧嘩になり、

私たちのほうの親戚は誰もいなくなってしまいました。

さて、私の母のことです。この人は乳母日傘で育ちました。祖母がすべて切り盛りしていましたから、家事さえできないありさまです。

弟のオムツ洗いは文ちゃんがします。食事の支度もそうでした。

私が四年生で、文ちゃんは中学校二年生の運動会の日のことです。学童が少ないので小中学校合同ばかりでなく、青年団や家族までが競技に参加する村の行事のひとつとされていました。お昼のお弁当は、各家庭がリヤカーで運んできたりします。私の一年生のときがそうでした。祖母は一睡もせず、あんこもち、いなり寿司、巻き寿司、おにしめ、その他のおかず類など、料理をたくさんつくってくれました。それを全部リヤカーで運んできてくれたのです。それでくたびれてしまったのか、祖母は運動会を見ずに、居眠りばかりしていました。

しかし、その祖母も今はいないのですから、母には期待はしていませんでした。昼近くなっても、我が家の者は誰も姿を見せません。とうとう弁当は届きませんでした。私と文ちゃんは、八重ちゃんのうちの、森下さんのところでご馳走をいただきました。また下の義兄は橋本さんのところでいただいたようです。

村中あげてのお祭りも、私にとっては悲しい日になるばかりです。

運動会も終わり、我が家に戻ってみると、義父は焼酎の一升瓶を立てて相変わらずです。母はふてくされて寝ていました。私たちに詫びようともしないで……。

文ちゃんはもともとおとなしい子でしたから、あまり変わったようには見えなかったかもしれませんが、天真爛漫だったはずの私はどんどん暗くなっていきました。

それからは、お祭りや運動会、そしてお正月も、楽しいどころか恐ろしい日になるばかりでした。

私が五年生のときのことです。元旦に登校して帰宅すると、我が家の周りは人だかりがしていました。何があったのだろうと中を覗いてみると、義父が包丁を振り上げて暴れ回っているのです。義父は橋本のおじさんのことを怒鳴りまくっていました。義父と母は十二歳年の差があるので、すぐ義父はやきもちを焼くのです。

私はその場を立ち去り金毘羅神社へ行き、「我が家が平和で過ごすことができますように……」とただひたすら手を合わせて祈りました。その日は、文ちゃんの実家の隣町である、厚賀の高村さんの家へふたりで行き、たくさんご馳走をいただき、お正月気分にさせてもらいました。

凄くしばれた晩の翌朝のことです。我が家の横の川は、かなり厚く氷が張っていました。近所の子どもたちが集まり、スケート（金属製の板）を始めていました。もちろん私は滑りたくても、スケートはありませんから、氷の上で皆が滑るのを見ているだけです。するとと、八重ちゃんが疲れたのでしょう、「ヨッコちゃん貸してあげる！」と言ってくれたのです。飛び上がるほど嬉しくてスケートを借りて、長靴を履いたまま足にくくりつけ、外れないようにしっかり結び付けました。そしてまず川上へ滑っていき、川下へ下りてきました。

それからも、何度か八重ちゃんからスケートを借りました。でも、もう少し滑りたいと思っても八重ちゃんが「返して！」と言ったら、すぐにひもを解き、返さなければなりませんでした。竹スキーは十円くらいなので買うことができても、スケートは最低でも三百五十円くらいしますから、金持ちの子しか持っていませんでした。滑りたくて滑りたくてたまりませんから、滑りまくっている夢をよく見たものです。誰もが皆欲しがっていました。

そんなある日、同級生のデコ（秀子）がスケートを持ってやってきたので驚きました。デコは養女でしたので、「もらわれっこ」とよく言われていましたが、誰が何と言おうとおかまいなし、自分の思うとおりのことをします。そのスケートも欲しくてたまらないので、道の真中で大の字になり、「買ってけれー、買ってけれー！」を連発したため、お母さんが根負けをしたそうです。このお母さんは、ツナさんという名前でうさぎを飼っていたので、「うさっこおばさん」と皆に呼ばれて親しまれています。

とにかくデコは何をやってもすぐ上達する子でした。また気前がよくて、自分が我慢してでも私にそのスケートを貸してくれました。

お正月が過ぎると寒さは一段と厳しくなります。冬場は海が時化てなかなか漁に出て行くことができないので、義父は酒浸りです。夫婦喧嘩は日常茶飯事となっていきました。

小学校五年生のことです。

厳寒も少し和らいできたある日の放課後、「秋月、ちょっと職員室へ来るように」と担任の宮沢先生に呼ばれました。行ってみると、「卒業生に贈る祝辞を読んでもらう」と言われ、びっくりしました。でも、内心とても嬉しかったのです。原稿を受け取り、毎日毎日読む練習をしました。

当日は少しドキドキしながら、祝辞と書いてある表紙を取り除き、中から巻紙を取り出しました。

「北国の長い長い冬が過ぎ、やがて春が訪れようとしている今日この頃……」

というような言葉から始まり、何とか無事読み終えることができました。

帰宅すると近所の小母さんたちが「ヨッコちゃん、うまかったよう！」と誉めてくれたので、少し得意になっていました。ところが、漁に出ることができなかった義父は、酒を飲んでいました。

「ふん、おまえがどんだけ、えらいんだあ。どこのうんま（馬）の骨の子が知らねけど」

そう言った途端、母が「何だのさ、洋子が何しったってのさ！」と大声を上げ、その夜もまた大喧嘩です。

ひとり、部屋で泣いていると、文ちゃんがそっと来てくれて、ふたりで一晩泣き明かしました。そのとき、「どこの馬の骨の子」とはどういうことだろうと、不思議に思いました。

その頃、文ちゃんは中学卒業でした。文ちゃんの家は厚賀に住居を変えて、何でも屋のお店をしていましたから、猫の手も借りたいところです。文ちゃんが戻れば皆が助かるのですが、祖母に恩を感じ、母の手助けをしてくれていました。しかし、義父は「よその子」呼ばわりですから、もう我慢ができなくなり、実家の加藤家へ戻ってしまいました。

私にとっては姉同様に暮らしてきたのですから、もう悲しくて悲しくて、義父を恨みました。毎日毎日泣き明かしていました。辛い日々でした。義父の息子はふたりとも出稼ぎに出て我が家にはいませんでした。

文ちゃんがいなくなってから、義父のお酒を買いに行く役目は当然私です。ある夜のことです。外で飲んで帰り、まだ飲み足りないらしく、「酒買ってこい」と怒鳴りました。母は、「お金もないのに酒ばっかり飲んでぇ、買ってこなくていい」と怒鳴り返しました。義父は、すかさず、「なにぃ、このあま！　こらあ、そこのうんまの骨、酒買ってこい」と言います。

私はそのやりとりに震えていました。仕方なく、茶箪笥からウイスキーの角瓶を取り出し、母の角巻きを着て外へ出ました。北海道の三月はまだまだ雪も降れば、しばれる日もあります。林さんのお店に行きました。店は閉まっていましたが、裏口から入ると、看板娘の友子ちゃんが出てきました。

「また暴れてるのかい？　ヨッコちゃんも苦労するねえ。まったく水でも入れてやりたいね」

そして、量り売りの焼酎を瓶に入れてくれます。もちろんお金はありませんから、いつも通い帳を持って行き、付けで買うわけです。焼酎の入った瓶を小脇に抱え店を出たのですが、帰る気になれず、そのまま逆方向に歩き出しました。村の外れまで来て踏み切りの前にたたずみ、そのまま線路を歩き出していました。

最終列車、二十一時十八分のジーゼルカーが来ます。私は、線路に横たわりました。しかし、いくら待っても来ません。そのうち寒くなってくるし、死にたいという気持ちは薄れていきました。帰りが遅いので、叱られるのを覚悟して戻りましたが、運よく義父は待ちくたびれて寝ていました。

それから冷たい布団に入りましたが、身体が冷え切っているので、なかなか寝つくことができませんでした。

やがて、私も六年生になり、修学旅行の日が近づいてきました。まだ海水は冷たいというのにデコのお母さん、うさっこおばさんは胸まであるゴムの長靴を履き、昆布や海草を採ってお金儲けをしてました。皆口々に「まだ冷たいべさあ」と言うと、「なんも、なんも。秀子の修学旅行のぜにっこ稼がねば」と、寒いであろうに唇を紫にして頑張っていました。

私の母は自分でお金を稼ぐなど、考えてもみない人でしたから、私はあきらめていました。でも叔母に手紙で修学旅行のことを知らせるとお金を送ってくれました。

仲よしのデコ、八重ちゃん、そして転校してきたばかりの校長先生の娘、千恵子ちゃんたちがとっても喜んでくれました。嬉しくて嬉しくて出発の前夜は眠れませんでした。旅行先は札幌、登別です。そのときばかりは、辛い日々のことも忘れていました。そして、心の中で、「叔母さん、ありがとう!」と何度も繰り返していました。

でも、楽しいことはあっという間に過ぎていきます。

修学旅行も終わり、またしても酒乱の義父に苦しめられる日々が始まりました。

以前は、よく祖父母に連れていってもらった劇場通いもすっかり行かなくなりました。その頃は、美空ひばりが大ブームでした。

ある夜、私のところに仲よしの三人、デコ、八重ちゃん、千恵子ちゃんが映画を誘いにきました。

「ヨッコちゃーん、映画行こう！」

三人が口々に叫んでくれるのですが、義父は「子どもは映画なんか見るもんでない。そったらことしてたら不良になる」と言って、とても行かせてはもらえませんでした。仕方なく表の戸をそーっと開け、「やっぱり私は駄目だわ。皆、行ってきてえ……明日、話聞かせてね」と言います。仲よし三人は勇んで劇場に向かって行ってしまいました。

自分の部屋に入り、机の引出しから父の写真を取り出し、窓から星空を眺めながら「父さん、どうして死んだの？　父さんだったら、ひばりちゃんの映画見に行かせてくれたよね……」と、ただ涙を流すばかりでした。

女の子同士のなつかしい思い出もあります。

八重ちゃんは『月刊少女ブック』を学校によく持ってきました。八重ちゃんの家は魚の加工製造と北海タイムスの販売所もやっていて、お金持ちなのです。何でも買ってもらえます。でも、自分で本は読まないので、私が読む役目です。連続ものの『黒い白鳥』を読むのがとても楽しみでした。皆集まってくるので、私は得意になって読んだものです。

私が小学校六年生の十二月九日、母と義父の間に女の子が生まれました。昭和の子だからと昭子と名が付けられました。とってもかわいい子でした。

弟は三歳でいたずら盛り、近所の子を泣かすは、喧嘩した相手の子の靴を橋の上から投げ込むはで、母は近所に謝ってばかりでした。手のろな母はふたりの子の面倒は見きれず、私はよく学校へ連れて行きました。その頃は、皆子守りや家の手伝いなどで学校を休む子が多いため、連れて来ることを許されていましたが、小さい子たちは悪さばかりするので大変でした。

義父は「女の子なんかどうでもいい」と言っていたのに、五十歳になってできた子ですから、とてもかわいいのでしょう、妹を見るときはやさしい顔になっていました。それでも酒は相変わらず、酒乱も変わらずでしたが。

その年の大晦日も借金取りが次々とやってきました。父はいつも姿をくらますので、母が床に頭をつけんばかりに謝っています。毎年のこととはいえ、この光景を見るのが辛くて、私は必ず押入れに隠れ布団を頭からかぶって、聞こえないようにしていたものです。子どもの頃は、お正月が楽しいはずなのに、義父が来てからは嫌いになってしまいました。

お金があろうとなかろうと歳月は流れていきます。お正月が済んで吹雪の夜でした。ひと寝入りしたとき、義父と母の喧嘩の声で目を覚ましました。

「お前の子はえらいわ、うんまの骨の子はえらいわ！」

義父が、私と弟が寝ている部屋にやってくる気配がしました。

その瞬間、私と弟は枕元においてある服を素早くつかみました。義父が連れ出しに来たのです。私たちは、下着のままの姿で抱きかかえられ、玄関の戸を開け雪の中へ放り投げられました。私はとにかく手に持っていた服で弟を包み込み、アイヌのはるおばさんのところに逃げて行きました。はるおばさんは寝床から起きてきて、「義父さん、また暴れてるのかい?」と言って、家に入れてくれました。そして、少し冷凍状態になっているじゃがいもをストーブの上に置き、温めて食べさせてくれました。このはるおばさんは結婚しているのですが、刺青されるのがいやで逃げてきたらしく、口元に刺青がしてありませんから怖い顔をしていません。このはるおばさんには、何度お世話になったかしれません。その夜は、はるおばさんの子どもたちの布団に入れてもらって過ごしました。布団といっても敷き布団はせんべいみたいに薄く、かけ布団には穴が開いていました。私は声を殺して泣き明かしました。

朝早く起きて我が家へ戻り、何事もなかったかのように学校へ行きました。

そんなことがあって三日後の朝礼のときのことです。体育館がない学校だったので、朝礼はグラウンドに集合します。この日も、いつものように校長先生のお話がありました。そのときに「先日、村内作文コンクールがありました。秋月洋子さんが入賞しました、おめでとう！」と言ってくださったのです。それを聞いた私は、蒼白になりました。皆が帰るのを待って校長先生のところへ行き、「さっきの作文のことですが、学校新聞とか村の掲示板に貼り出されたりするのですか？」と尋ねました。

「やっぱり具合悪いかい？」とやさしく言ってくださったので、「はい、それは絶対に困ります」と言いました。実は、作文の内容はうちの家族のことだったのです。「本当の親子であったらきっと幸せに暮らせたであろう……」としめくくった作文だったのです。校長先生の配慮で作文はどこにも発表されませんでした。本当に冷や汗ものでした。

六年生も終わりに近いある日、担任の山内先生から「卒業式に答辞を読んでもらうから」と言われました。暗いことばかりの毎日でしたから嬉しく思えました。

卒業式の当日は、母が来てくれましたので、やはり嬉しかったです。

祖母が買ってくれた高価な着物はすべて質屋に入っていたので、安物のウールの着物でしたが、久しぶりに晴れ晴れとした母の顔を見ることができました。卒業式次第が進み、「答辞」と言われ、私は立ち上がり、校長先生の前に立ちうやうやしく読み始めました。

「灰色の雲に覆われた北海の地にもやがて春が……」

落ち着いた気持ちで読み終えることができました。友だちのお母さん方が皆来ていて、卒業式が終わると口々に「ヨッコちゃん、良かったよ！　たいしたもんだね」と言ってくれたのが嬉しかったです。

その夜は義父も酒を飲んでいませんでしたから、平和な我が家でした。

寝床に入ると、落ち着いた気持ちで小学校時代の思い出にふけりました。

一年生のとき、青年部の演芸では、『国定忠次』の勘太郎役で舞台に立ちました。三年生のお祭りではトラックにつくられた移動舞台で『絵日傘』を、五年生の学芸会では『月の砂漠』のお姫様役を、六年生では『三つの宝』のお姫様役をやりました。また劇場に楽団が来たとき、劇場主の三女、亜紀ちゃんとふたりでバタヤンこと田端義夫の「別れ船」を踊りました。

辛い日ばかりではなかった、楽しいこともいっぱいあったんだ！　これからは幸せがくるかも……そんなことを思いながら眠りにつきました。

中学校時代

いよいよ中学生です。児童が少ないので、小学校卒業生は全員、隣の建物の中学校へ通うだけのことです。同じ校門をくぐるわけです。

入学式も同じ顔ぶれですから、あまりときめきはありません。好きな友だちと別れずにいられるのはよいのですが、嫌いな子も一緒なので、辛いときもあります。そして、中学生ともなると、一人前とみなされますから、家のことにしても、子守りは当然だし、家事のほとんどをしなければなりません。その上、畑仕事、燃料用の薪割り、風呂の水汲みなどですから、学校から帰ると大忙しです。

中学生になるとクラブ活動があります。当時、男子は野球、女子はバレーボールと決まっていました。それしかないのです。私も一応バレーボール部に入部しました。

顧問は大学を出たばかりの新任の土谷先生でした。私ははじめのうちはパスも下手だし、背が低いのでアタックもできないし、あまり面白いとは思えませんでした。家のほうの手伝いもあるし、一週間に二日ぐらい出るのが精一杯でした。体育館もないので、雨や雪、風の強い日はクラブ活動は休みということになっていましたが、土谷先生は違いました。廊下でできることを考えたり、黒板で攻撃の仕方などを指導するのです。

中学生になってからの私の毎日は、ますます忙しくなりました。

朝早く起きて、海岸へ行くと、海から流れついた木屑の「よりき」を拾い集めます。それを家の周りに並べて風雨にあて、塩分を取り除いてから燃料にするのです。

帰宅後は薪を取りに山へ行きます。「せおい」をいっぱいにして金毘羅神社の坂を下りてきます。五月頃からは畑を耕し、じゃがいもをはじめ、かぼちゃ、とうきびなどを植えます。肥料はすべて人糞で、きつい坂道を担いで上がります。母の分も担いで上がったものです。私は小さいのに力がありました。毎日重労働です。そんな夜は早く寝床に入ってしまいます。でも、ひと寝入りすると、義父の大声で目を覚ますことがよくありました。

そういうときは、決まって母と大喧嘩しています。

「お前の子はえらいさ、俺の子は悪いことばっかりする不良息子だ！」

その夜もふたりの大声で、眠れませんでした。喧嘩の原因が後でわかったのですが、上の義兄のことでした。仲間と喧嘩して駐在所に連れていかれたのを、義父が引き取りに行ったのです。何度も同じことを繰り返しています。そんなことがあった翌日は、必ず学校で話題になり、肩身の狭い思いをしました。

義父がお金もないのに酒を飲み、大声で怒鳴り散らすのは確かに悪いと思います。でも、酒飲みを相手に負けずに突っかかっていく母も責めたくなります。悲しいというより、情けなく思いました。

そんなときは、必ず父の写真を胸に抱き、「父さん助けて！」と心の中で叫びました。

それでも嬉しいことがひとつありました。毎年、六月になると、村の漁船は全部釧路方面へ一カ月くらい鮭漁に出かけるので、義父はいません。このときが一番嬉しいです。この間はのびのび過ごせるのですから、もう天にも昇る気持ちです。

家の手伝い、畑仕事、薪拾い、おかずにするための山菜採りなど、やらなくてはいけないことはたくさんあり暇はありませんが、心は晴れ晴れです。畑のほうもひと段落した頃、放課後クラブ活動をして帰ります。私は小さいので、中衛センターの練習をさせられるようになり、その頃からバレーボールにだんだんと興味が湧き出してきたのです。

しかし、穏やかな一カ月はあっという間に過ぎ、義父が我が家に戻ってきました。また憂鬱になってしまいます。


八月十三日から二十日まで、駅前の広場で盆踊りが行われました。このときは少しだけ夜遅く帰っても叱られません。土谷先生をはじめ、バレーの仲間が海岸に集まってきて、星を見たり、波際で追い駆けっこをしたり、最後には学校の裏にある墓場までの肝試しをしたりと、楽しくて時間の経つのも忘れてしまいました。

デコが「洋、早く帰らないと！」と言ったので、私は血の気が引きました。我が家の灯りは消えていましたから、裏に回り、梯子をかけ、窓から自分の部屋に入りました。

胸がドキドキしてなかなか寝つかれませんでした。

お盆が過ぎると秋風が頬をなでます。私はこの時期が一番嫌いです。私だけではなく、北国の者は皆そうだと思います。

ある日の放課後、デコが「洋、今日、練習できるのかい?」と聞いたので、「義父さん、いか釣りに出たら、できるんだけど」と答えると、デコはすぐ校門まで駆け出し、海を見に行ってくれました。

「今、次々と船出ていったよ!」

「よかったあ」

そこへ土谷先生と四年先輩のＯＢの真二さんがやってきました。

「始めるぞー!」

私はクラブ活動ができるので嬉しくて飛び上がりたい気分でした。思う存分暴れて、それでも皆よりひと足先に帰る途中で、橋本のおじさんに会ったので、

「おじさん、船出なかったの?」と恐る恐る尋ねました。

「機械が故障してなあ、出れなかったんだあ」

「義父さんは?」と聞くと、「家で網繕いしてる」とのことでした。

私は、わあ、どうしようと、頭がくらくらしてきました。そーっと、裏の納屋に行くと野良着に着替え、草取り用具を担いで一目散に金毘羅神社の坂を上がり、畑の草取りをしてきました。

そして平然と「ただいまあ、草取りしてきたあ」と、何食わぬ顔をしました。暗くなってから納屋に隠しておいたカバンを取り、窓を目掛けて放り投げるのです。

バレーボールをすると、「あったらもので、飯食われねえ!」と義父が言うので、隠れてやるしかないのです。それから宿題に取りかかります。小学生のときは帰りも早かったので帰宅するとすぐに済ませてしまうのが習慣でした。義父が酒を飲んで帰宅し、暴れ出したら宿題どころではなくなるからです。中学生になってからは家の手伝いも多いので宿題は夜になってしまいます。

北国の者は春を心待ちにします。私も春が大好きです。暖かくなったら何かよいことがあるかもしれない……毎年そう期待します。でもあまり変わりはありません。

春は畑仕事が忙しくても、朝の海岸でのよりき拾いは休みません。それを入れるカゴは竹でできていて、私の身体がすっぽり入るくらい大きなものです。それを、ご用籠と言います。小さな身体でこの仕事をするのは少しきついです。他の家では母親がやっていましたが、我が家では私の仕事でした。短い夏の間は、家で使うための昆布やつのまた（海草）拾いをします。つのまたは、仲買人に買ってもらい、お金にすることができるので、子どもたちは唯一の小遣い稼ぎとあって皆懸命に拾い集めます。おとなの女の人たちは、海に入って採ります。

この村の女の人たちは、皆、頑張りやさんばかりでした。海に入って海草を採る人もいたし、船主の女将さんは網から魚をはずしたり、「モッコ」というカゴを担ぎ市場へ運んだり、水産加工の作業場で魚をさばいたり、木工場で製材の運搬（トロッコ）をしたり、といったように、働いている人たちはたくさんいました。でも、乳母日傘で育った私の母は何もしようとはしませんでした。お米を買うお金がないので、近所へ借りに行くのが精一杯でした。

それで私は、大阪の叔母が送ってくれる洋服を着ていました。古着とはいえ都会のものですから垢抜けているので、よくやきもちを焼かれました。

「ヨッコちゃんの叔母さんは、大阪で水商売やってるらしいよ！」

「いい服を着てても、昨日ね、よその家から米借りてたらしいよ」

そんなふうに言われ、また涙を流すのでした。

ですから、何かお金になることはないか、お米を手に入れる方法はないかと、ずっと考えていました。漁をしてきた船から市場まで魚を運ぶ仕事があるのを思いつき、自分が入れそうなほど大きな木でつくられたモッコを背負って、船主に頼みに行きました。身体が小さいので断られましたが、船のへりに踏ん張って立ち、

「おじさん、魚入れてみて！」

と言いました。するとおじさんは、スコップですくい、船の上から私のモッコに入れ

てくれました。大人のようにたくさんは運べませんが、私の必死の姿を見て応えてくれたようです。運び終わるとモッコに一杯の魚がもらえます。それを、行商のおばさんのところへ持っていき、お米に換えてもらうのです。

このように母親がやる仕事を、すべて私がやっていました。

村では「働き者のヨッコ！」と呼ばれ、義父にもそれが伝わります。自分の息子は再三警察のお世話になるので、やり場のない気持ちを酒で紛らせているのでしょう。

その夜も飲んで帰ってきました。

「おまえの娘は働きものだとよ、俺の息子は不良ださ！」

そして、ストーブの横に置いてあるデリッキ（火バサミ）を母にぶつけたらしいのです。母は怒りだし、またまた喧嘩……私は宿題をやっていましたから、カバンを持ち、いつものように縁の下に入り込みました。物置として使用できるため、広いのです。古い敷布団に身を包み、ロウソクの灯りで宿題をしたことは数え切れません。

しばらくして風呂場に入っていく足音が聞こえました。風呂好きの義父が酒に酔って風呂に入っているのです。隙間から覗き「このまま死んでしまって欲しい！」と恐ろしいことを考えていました。そんな自分が恐ろしくなり、そーっと縁の下から這い出て、自分の部屋に戻りました。でも身体は震えが止まりませんでした。しばらくして義父は鼻歌まじりで、戻ってきたので安心しました。

中学二年生の六月のことです。今年も義父は鮭漁に出かけたので、しばらく幸せな日々を送っていました。土曜日なので昼食に、そば粉を湯で混ぜ砂糖をかける「そばねっかい」というものを食べていると、岡田商店のおばあちゃんがやってきました。草取り用具を貸して欲しいということでした。そして、あがりかまちに腰を下ろし、こう言うのです。

「ヨッコちゃんは、この頃、川上さんに似てきたなあ。この間、工藤さんのねえさん（奥さんのこと）が三石で会ったのだとう」

そのひと言を聞いた途端、頭を殴られた思いでした。そばにいた母も蒼白になっていたと思います。

おしゃべりなおばさんです。そのことは、村でも評判でした。それだけ言うと「そしたら、納屋から借りてくねえ」と言ってさっさと帰ってしまいました。

無言になった母にこれ以上聞く気にはなれませんでした。隣の中野さんのおばさんに、四十円を借りて静内の加藤組へ行きました。祖父の弟子で建設業を手広くやっているところです。加藤のおじさんが帰宅するのを待って、川上、すなわち私の父のことを尋ねました。

「ヨッコも中学二年生になったんだから、話してもいかべ！」

私は、加藤のおじさんから話を聞いて、義父が酒を飲むたびに言う「どこのうんまの骨の子」の意味が初めてわかりました。私の父は函館から漁業網のセールスに来ていて、母と不倫の末、私が生まれたのです。しかも妻子あるがゆえ、私を里子にやろうとしていたため、祖母は腹を立て、私を引き取りに来た父を追い返したそうです。太平洋岸で生まれたので、洋子と名をつけてそのまま去って行った、と初めて自分の出生を知ることができました。ショックでした。私の心の中では、本当の父は死んでお星様になっているのですから……。

加藤のおばさんからお小遣いをもらって帰っては来たものの、今まで死んだものとばかり思い、いつも写真を抱いて、「父さん助けて」と言っていたのに。そんな男だったとは……どこをどう歩いたのか覚えていませんが、夜の海岸へ出ていました。

防波堤まで行き、死のうと思ったのです。なぜか「名も知らーぬ、遠きしーまより　なーがれよーる、やしのみひとつ……」と島崎藤村作詞の「椰子の実」という歌を泣きながら唄っていました。もうどうなってもいいと思ったとき、「でも、今死んだらバレーボールができなくなる！」と心の中で叫びました。そして、私は死ぬのを踏みとどまったのです。

さて、バレーボール部は、来春のオール日高大会に向けて猛練習中でした。私はレギュラーになっていましたから、厳しい中衛センターの個人指導が始まりました。

先生がトスをあげ、それを真二さんが打つ。私は無我夢中で拾い上げる。息が苦しくなる練習なので座り込んでしまうと、先生は私の頭をボールで打ち付けます。くやしくて、先生の足にしがみついて、泣いたこともありました。でもクラブは休みたくありませんでした。練習の間は何も考えません。ボールを地につけぬように拾い上げるのが私の役目でしたから、地を這うように腰を低くする練習を続けました。中学校には体育館がないので、グラウンドの片隅が練習場です。

ボールを崖の下まで追い駆けて行くことが再々ありました。川まで転がったこともあり、拾い上げたものの、ボールはびしょぬれ。予備がないので、それを乾かすのも大変なことでした。

でも、部活に出たいと思っても、秋の収穫が始まるとできなくなります。

じゃがいもを掘りに行く予定で帰宅すると、我が家からは大きな怒鳴り声が聞こえてきます。またかあと暗い気持ちになり、ひとりで神社の坂を上がり、いも掘りに行くのです。

薄暗くなりかけた頃、「かます」という藁でできた袋にいもを入れ背負って坂を下りてきますが、膝が笑うくらい重たいものです。

ある日など、母は夕食の支度どころか、義父に腹を立て、ふて寝していました。私は一生懸命頑張って好きな部活もしないで、このように働いているのに……どうしていつもいつもこんなに悲しいことばっかりなんだろう。そして五歳の弟は、お腹を空かせています。私はすぐに、たった今持ちかえったじゃがいもの皮をむき、塩茹でして食べさせました。その夜はさすがの私も母に対して腹が立ち、デコのところに行ってボヤきました。

翌朝も母は起きてきません。カチカチのご飯にお湯をかけた湯づけを弟に食べさせ、私も流し込み、登校します。お昼ご飯に我が家へ戻っても食べるものはないとわかっているので、学校の裏山でグミを食べたこともありました。

私は小さな身体でしたが、手足が人一倍大きいせいでしょうか、とても力持ちでした。秋の取り入れが終わる頃は、冬支度のため浜へ行ってより木拾いはもちろんですが、頻繁に山へ行って薪拾いをしなければなりません。

冬になってやっと部活ができるようになりましたが、外での練習ですから、雪の中で転げ回ります。ボールが落ちても川は凍っていますから、それだけが救いです。雪の中でも皆一生懸命練習しました。

やがて、中学校の卒業式がやってきました。

私が在校生を代表して祝辞を読むことになったので、卒業式の前日、母を来賓にし立てて読む練習をしていました。

ところが、そのとき、荒々しく戸が開き、義父が帰ってきました。一瞬血の気が引きます。

「おお、優等生、たいしたもんだあ。どこのうんまの骨の子かしらんべ！」

そのひと言が終わらぬうちに、私は外へ飛び出していました。

私は運命を呪い、父母を憎まずにはいられませんでした。

しばらくして、裏の窓に梯子をかけ、自分の部屋に戻りました。その夜は泣き明かしましたが、翌日、気持ちを切り替えて登校しました。

いよいよ私の祝辞となりました。すらすらと感情込めて読んでいるうちに、なぜか昨夜のことがよぎりました。すると、声がつまり涙が溢れ、読むことができなくなってしまったのです。卒業生はじめ、来賓の方々や先生までもが泣いてしまう有様でした。それでも泣きながら最後まで読み終えましたが、大変なことをしてしまったと思いました。でも、なぜこんなに私が泣いてしまったのか、誰ひとりとして知る由もありません。

また村中の話題となってしまいました。そして、自分にとっても生涯忘れることのできない思い出となりました。

新学期が始まるまで、学校は休みです。隣村の木工所でアルバイト募集をしているという噂を耳にしたので早速出かけて行きました。でもそれは高校生ぐらいの子が欲しいのだということがわかりました。

私を見るなり、「あんたは無理だあ〜」と一蹴されました。私は必死で、

「ちっさくても力はあります。トロッコも引っ張れます。どうしても英語の辞書が欲しい

んです。お願いします、働かせてください」

と何度も頭を下げてお願いしました。とうとう根負けして三日間だけということで、働かせてもらいました。一生懸命働きました。最終日に、汽車賃を含めて六百六十円もらったときは嬉しさを隠し切れず、鼻歌を唄って帰ってきました。すると、母は妹を抱きかかえ、弟はお腹が空いて動けないような状態で座っているではありませんか。英語の辞書を買うどころではありません。すぐに、行商をしている横井のおばさんのところへ行き、一升百五円のお米と上田商店でイカの佃煮と沢庵を買って、大急ぎで帰りました。そして、お米を研ぎストーブで炊いて食べさせました。そのとき、母は「洋子すまないね、苦労ばっかりかけて……」と言って泣いていました。でも、弟が美味しそうに食べる姿を見ていると嬉しくて、苦労なんか感じませんでした。働くことができた喜びのほうが大きかったのです。

新学期が始まりました。いよいよ私は中学三年生です。

部活の練習が増えましたが、家事手伝いはおこたりませんでした。

土谷先生が我が家に来て、「バレーボールの練習をさせてやって欲しい」と義父に頼んでくれました。おかげで、今までと違って文句を言われなくなりました。歳のせいか義父の酒の量も少し減ってきました。また、歳いってから生まれた妹をとても可愛がっていました。弟も外へ放り出されることもなくなってきましたし、夫婦喧嘩も少なくなってきたので、私は少しほっとすることができました。

そして、オール日高バレーボール大会の日が決まりました！　試合は、六月です。デコがキャプテンで、富子ちゃんが副キャプテンです。デコは土谷先生に「副キャプテンは洋にして！」と願い出たそうですが、「ヨッコは無理だ」と言われたそうです。本当にそのとおりです。でもちょっぴり悔しさはありました。試合は浦河で開催されるので、お米を五合持ってくるように言われました。一般家庭に泊まらせてもらうのです。私はお米を持って行けないので、浦河の山奥の小学校で教諭をしている叔父のところへ泊まらせてもらうことにしました。叔母は気さくな人で「洋子ちゃん何が食べたい？」と聞いてくれるので、「きゃべつ炒め」と答えると、「そんなもんでいいのかい?」と言って笑っていました。

その夜は話好きの叔母さんが、ずーっと話しているので、二時間くらいしか眠れませんでした。四時頃、浦河へ牛乳を運ぶトラックで、試合会場へ行きました。朝寝坊のデコが私のことを心配そうに待っていてくれました。

その日はあいにくの雨。野外でしか練習したことのない私たちは、中止かと思っていましたら、浦河高校の体育館ですることになったと先生に言われ、私たちは「えーっ、一度もやったことないのに」と不満たらたらでした。

「お前らは何言っているんだ! どこでも同じだ。あるだけの力を出し切れば、お前らは勝てる!」

そう言って励ましてくれましたが、先生にも不安はあったと思います。

一日目は、野球が中止となったので、男子が応援に来てくれました。私がほのかに思いを寄せている五十嵐君の顔を見た瞬間、胸がキュン!となり、頑張っていいとこ見てもらおうと、胸のうちに言い聞かせたのでした。五十嵐君は、樺太からの引揚者で、天涯孤独のため叔母さんの家に世話になっているのです。

一日目は勝ちました。そして決勝戦！　全校生徒二〇〇人以上がA組、それ以下の人数がB組と分けられていて、私たちは生徒数の少ない学校のB組で、慣れてくると、もう体育館の天井もライトも気になりませんでした。二ゲーム目に入り、私のサーブの順番がきました。落ち着いた気持ちでコートの外に出ました。

「ヨッコ、頑張れ！」

と誰かの声がしたような気がしました。その頃は、ドライブサーブがほとんどだったのですが、私だけが苦手で、サーブには自信がありませんでした。いつも先生には、

「ヨッコはサーブのことは考えなくてもいいから、ボールを地につけないように拾って拾って拾いまくれ！」

と言われていました。だから開き直ってサーブをしました。私のサーブは、今で言う天

井サーブだったので、対戦相手は勘が狂ったらしく四点入れることができたのです。その後、相手チームは作戦タイムを取り、そのときに先生と真二さんは、「ヨッコ、よくやったあ！」と言ってくれ、皆も喜んでくれるし、天にも昇る気持ちでした。

男子は野球が負けたので、応援に来てくれていましたから、熱も入りました。

そして、B組の私たちは、優勝することができました。皆抱き合って、涙を流して喜び合いました。これまでの苦労は一気に吹き飛んでしまいました。村では、その日のうちに連絡が入り、漁業組合の有線で放送されたそうです。それを義父が聞いていて、綱を繕いながら、涙を流していたということを後で聞かされ嬉しく思いました。でも気の強いデコは、「今頃、遅いわあ！」と言って憤慨していました。

その興奮も冷めやらぬうちに、修学旅行がやってきました。私はとても行けない！とあきらめていましたが、叔母に手紙で知らせました。しばらくすると、叔母の手づくりの長袖と半袖の二枚のセーラー服と、お金が送られてきました。欣喜雀躍とはこういうときのことを言うのでしょうか。

一番先にデコのところへ飛んで行き知らせたところ、私を抱きしめて喜んでくれました。こうして初めて青函連絡船で青森に渡りました。

いつも意地悪の緑ちゃんがひどい船酔いをしたので、そばで介抱していると、デコが、「洋、何してんのさ。皆トランプやってるんだよ」と言って近づいて来ました。そして耳元で「やめとけ、いっつもいじめられてるべさ！　いいきみだあ」と言うんです。確かに私は「いいふりこき」だったかもしれません。

十和田湖では、楠田先生と純ちゃんの三人で初めてボートに乗りました。旅館では眠ることを忘れたかのように、はしゃぎました。このときの楽しさをどのように表現したらよいか、わからないくらいです。帰りには少ない小遣いの中から、義父に小さい瓶に入ったウイスキーを、弟妹にはめずらしい菓子を、母には飴玉を、それぞれおみやげにしました。

こうして夢のような修学旅行もあっという間に終わってしまいました。

それから数日後、青函連絡船「洞爺丸」の沈没をニュースで知り、驚きました。

中学校の最後の夏休みが始まりましたが、私は相変わらず忙しい毎日でした。朝は浜でよりき拾い、畑の草取り、薪拾い。草取りが一段落してから、静内の加藤さん宅へ行きました。おばさんは相変わらず手を休めることなく、働いていました。子供は九人、その上、住み込みの大工さんが七人くらいいますから、それはそれは忙しいのです。私は見かねて手伝いの真似事をしていました。

あるとき、おばさんに急にこう言われました。

「ヨッコちゃん、来春卒業したら、静内の定時制高校に行きながら、おばさんの手伝いをしてくれないかい？」

「おばさん、ほんとにいいの？」

私は嬉しくなりました。その夏休み中は見習いのようなものでした。ところが、数日後、お金を借りに義父が現れたのです。そのときは、おばさんが貸してあげたようです。胸がつぶれそうでした。ここで私が働いたらきっと毎日のようにお金を借りにくるんだろうなあと思うと、さっきの喜びは吹き飛んでしまいました。

そんな頃、村にもやっと共同の水道が引かれました。嬉しかったです。洗いものなどに使うのは川の水でよいのですが、飲み水は遠くの井戸かポンプのところまで行って、天秤棒で担ぎ運んでいました。私には本当に大助かりです。あれは中学一年のときだったでしょうか。ポンプからバケツに汲み入れ、凍てついた道を滑らないように注意して歩き、我が家まで辿り着いた途端、玄関先で滑って転び、バケツを引っくり返してしまい、わんわん泣いたことがありました。いくら注意しても、長靴がボロボロで底はイボイボもなく、滑りやすいのです。

水汲みの苦労は本当にいろいろありました。だから水道が引かれたことは、どんなに嬉しかったか知れません。どこの家でもそうだったと思います。

純ちゃんのところへ遊びに行こうとしているときのことでした。

漁業組合の事務員をしている独身の夕子さんが「この頃、自転車借りに来なくなったね！」と声をかけてくれました。この夕子さんには恩があるのです。中学に入る前、自転車に乗れるようになりたくて、夕子さんにお願いして、誰もいなくなると自転車を持ち出し練習したものです。私の身体にはとても大きいので、三角乗りをしてました。何回も何回もこけて膝は傷だらけ、ズボンをぼろぼろにしてしまいました。

しかし、誰にも手助けしてもらわずに、自転車に乗れるようになりました。

その日、夕子さんの言葉に甘えて、自転車を借り、純ちゃんの家に行きました。純ちゃんはきれい好きな子でしたから、一生懸命掃除をしていました。その後で大豆の炒ったのを持って浜へ行き、食べながらおしゃべりしました。久し振りに、波が穏やかでした。太平洋の荒波が嫌いな私でしたが、思わず「海は広くていいなあ」と言いました。

家のほうも、平穏な日が多くなりました。いくつになってもおねしょが治らなかった弟も、すっかりしなくなりました。きっと夜中に何度も叩き起こされて外にほっぽり出される恐怖から、しなくなったのではないかと思います。

その年の十一月三十日、二時限目の国語の時間、何だか、下のほうが気持ち悪くなってきたのでトイレに行くと初潮が始まっていました。教室の後ろの席に座っていた和美ちゃんを手招きして小声で事情を話し、家に帰りました。

母に伝えたのですが、特に何もありません。そのようなときはお赤飯で祝ってくれるらしいのですが、白いお米さえままならぬ我が家に、もち米などあるわけないのです。次の日は何だか恥ずかしくてたまりませんでした。「洋子ちゃん、アレあるのに隠してるんだべさ!」と陰口を言っていた子たちは、びっくりしたようでした。

クラスでは、まだ絹子ちゃんが残っていました。ふたりでどっちが早いかなあと話していたものですから、互いに目を合わせ、にんまりです。何だか急におとなになったような変な気分です。

それから、こんなこともありました。

私はいつも誰よりも先に校門をくぐります。その日は職員室の当番なので、より一層早く出かけ、掃除を始めました。そして、担任の寺山先生の机を拭こうとしたら、『生徒実態調査』が机の上に載っていました。一番上が「田口桂子」となっていたので何気なく目をやると、「嫌いな友人」のところに私の名前が書いてありました。心臓が止まるかと思ったほどショックでした。そうなると、他の人のも見たくなり、パラパラめくると、私の名前を書いた人は、四、五人いました。もう何も手につかず、ぼーっとして一日すごしていました。これはデコにも言えることではありませんので、何日も悩みました。

しばらくして、桂子ちゃんのところへ遊びに行った折に、思い切って「桂子ちゃん、私を嫌いかい？」と聞いてみますと、「いいやあ」と普通に返事するのです。

「だいぶ前にさ、嫌いな友だちとかを書く調査みたいのあったしょ」

「ああ、わかった。あれね、さっちゃんがね、書けって言ったのさ。何人かに言ってたよ」

腹が立つより悲しい出来事でした。それからは、好かれなくても嫌われないような人間にならなければ……と自分に言い聞かせました。胸を痛めた思い出です。

三学期に入り、高校受験の者は真剣に勉強するようになり、補習も始まりました。私は相変わらず船からモッコで市場へ魚を運んでいました。そして、行商のおばさんにお米と交換してもらうのが常となりました。もう部活もないので、家の手伝いばかりです。

放課後、土谷先生に「ヨッコ、高校は行かれないのか?」と聞かれたので、「はい、だめでーす」と答えると、「受けるだけ受けてみるか?」と言うのです。

「どしてですか?」

「浦河高校の先生が、先日の試合の審判をしていて、ヨッコをバレー部にほしいと言ってきた」

私はその話を聞いて、とても嬉しくなりました。でも進学どころではありません。夜、布団をかぶり、声を殺して泣きました。

当時は、高校入試問題と中学卒業試験の問題は一緒だったので、後日「受かっていたのになあ」と先生が言ってくれました。

私にとって最後の卒業式がやってきました。

昨年は在校生祝辞で泣いてしまったので、卒業生の答辞は大橋良治君でした。総代は初恋の人、五十嵐哲夫君です。私は三年間の皆勤賞をいただきました。どんなに辛いことがあっても、縁の下で寝たことがあっても学校は休みませんでした。

式が終わり、女の子は抱き合って泣きました。全員小学校からの学友ですから、九年間、共に学んできたわけです。これから、それぞれ離れ離れになり、違った道を歩んでいくのです。

先生方を交えお茶とお菓子で茶話会が始まりました。この日はやっと流行歌を唄わせてもらえるので、はりきってひばりちゃんの歌を唄いました。後は思い出話に花が咲きます。一番、話のネタを提供できるのは、何と言ってもデコです。いつも始業のベルが鳴っているときに校門を入っていました。男の子と、取っ組み合いの喧嘩をするのもデコの他にはいませんでした。私にとって実にたよりがいのある、最高の友、というより強い味方。そして、恩人でもあります。

その彼女は、東京の知人のところへ家事見習いに行くことになっていました。私は寂しくてたまりません。その日はいつまでもいつまでもふたりで、語り合いました。

仕事を始める

私は、それからしばらくして静内の加藤さんの家で手伝いをしていました。

定時制高校も断念し、とにかく仕事が見つかるまで、ということにしてもらいました。加藤組での、大人数の食事の支度は大変なものでした。私がどれだけ手伝いができたか疑問です。娘さんたちが遊んでいると一緒に遊んでいましたし、遊びに来ているときとちっとも変わってなかったような気がします。

昭和三十年七月四日、台風のため大降雨となり、静内町民も避難しました。私とおばさんが最後になり、軽トラックに乗り込もうとしたときは、もう水は膝まできていました。その水の中を、子豚が私の足元で泳ごうとしているので、抱きかかえたのですが、手から滑り落ちてしまいました。子豚のことがいつまでも忘れられませんでした。夕方には雨も止み、やっと戻ると、電話で我が家が水害で流されたことを知らされました。でも、空家に住むことになったと聞き、安心して、ひとまず村に戻りました。川のふちに祖父が建てた家は、影も形もなくなっていました。涙が止めどなく流れました。

今度の住まいは、昔、保健所だったというところで、二階建ての大きな家でした。その家で暮らすようになってから、義兄ふたりが戻ってきたので、我が家は七人家族となりました。ちょうどその時、我が家の近くにある宇和島木工所で事務員募集があり、応募すると採用が決まり、早速働くことになりました。

会社は八時作業開始なので、七時三十分には会社に入っていました。事務所には、経理の男の人と洋子さんという私と同じ名前の人、そして専務の宇和島氏でした。社長は専務のお父様で、会社に顔を出すことはほとんどありません。ふたりの洋子なので、私は小ちゃい洋ちゃんと呼ばれることになりました。私の仕事は材木の発送でしたから、貨車を駅に行って予約して、検査員に来てもらい、一束ずつ検査されます。それを「野帳取り」といいます。検査員が読み取るのを聞き漏らさず記入します。ほとんど大阪の大正区に送っていました。その後は請求書づくりです。

冬になると早く出勤して、休憩室のストーブに薪を燃やし、あったかくしておきました。皆が喜んでくれるので、毎日がとっても楽しかったのです。

でも、冬の野帳取りは二時間以上外で立ちっぱなしの作業になりますから、吹雪のときは手足の感覚が全然なくなってしまいます。

給料は三千円でした。すべて我が家の燃料費と消えてしまいます。木工場からは燃料にする木屑を分けてもらいました。冬になると私の給料では足りませんから、給料前借りのはずなのに、次の月はまたゼロからにしてくださるのです。ありがたいと思いました。何かご恩返しを……と思い、製間場《せいかんば》のエリちゃんがたまたま休んだので、私が勝手に入ってそこの作業をやっていました。円ノコを電気で回し、たこつぼをつくる材料を一枚の板で寸法どおりに切る作業です。それが見つかってしまい、「怪我でもしたら、どうするんだあ！」と凄く叱られました。私の仕事はいつも忙しいわけではないので、暇をもてあましてしまうのです。次は、桜井のおばさんと一緒にトロッコに一杯の材木を積んで移動する仕事をしました。

家に帰ると一年生になった弟が、「姉ちゃん、宇和島さんのところで事務員やってんのか？」と聞くので、「うん、そうだ」と答えました。

「宮村のまっこが、おまえの姉ちゃん、トロッコひっぱでたどおって、ゆってた！」

あれあれ、事務員もかたなしだわなあ……と思いました。

仕事も少し慣れてきた頃、静内の銀行まで行くように言われたので、とても嬉しくなって「行ってきまーす！」と元気よく出かけました。用事を済ませ、帰りの時間待ちに洋品店に入りました。卒業して働き始めてから、ブラウス一枚はもとより顔に塗るクリームも買ったことがありません。お店の中を見て回っていましたら、ジーゼルカーに乗り遅れてしまいました。一本逃すと次までかなり待たなければなりません。

帰るのが大変遅くなってしまい、大失敗をしてしまいました。

反省し、次回からは絶対にしないと、心に誓いました。

ある夜、友人の友《とも》ちゃんがやって来たので外に出て話を聞きました。

「細田組に来ている大工の清水さんはおじさんの知り合いだってかい?」と言うので、

「そうだよ」と言うと「付き合ってほしいって言ってくれないかい」と言われ、いつの間にか友ちゃんもおとなになっているんだと思い内心驚いてしまいました。早いほうがよいと思って、その日のうちに呼び出してあげました。

それから、本当にお付き合いしていたようです。

またその頃、村の中に営林署の寮ができ、寮には若い男性も多かったので、若い女性の憧れの場所だったようですが、私には何もありませんでした。

友ちゃんのことがあった週の日曜日、郵便局に勤務している真二さんに「浜まで来て欲しい」と言われました。私もバレー指導をしてもらっているときから密かに憧れていたので、ひょっとして?と胸をときめかせて浜へ行きました。言いにくそうにして、

「この手紙、真理子ちゃんに渡してくれないかい」

と封筒を渡すのです。「配達員なら自分で渡したら！」と言ってやりたいほど、がっかりしました。

それぞれ恋が芽生えているんだなあ。私は子どもっぽいのかなあと、少し寂しい気がしました。初恋の五十嵐君は高校へ行きながら、村の郵便局で電報配達のアルバイトをしていました。相手に気持ちを伝えたわけでもなし、それっきりです。

宇和島木工所で働いて二年が過ぎた頃、東京へ出張していた専務が、「小ちゃい洋ちゃん、友達の店で買ってきたんだけど」と腕時計を渡してくれました。

「三千円だけど、毎月百円ずつ払ったらいい」と言ってくださいました。大喜びで我が家に帰り、そのことを話すと義父の虫の居所が悪かったのかもしれません。

「なにぃー、生意気に！」と言うと同時に、私を突き倒したのです。私はよろけて茶箪笥にぶつかって倒れました。そのとき母がもの凄い勢いで、「洋子に何するんだあ！」と義父の前に立ちはだかったのです。

私はすぐに「ごめんなさい、時計は返すから……」と言って手をついて謝りました。しかし母が「何も謝ることない！　百円の小遣いももらわねで、誰のおかげでぬくもってるんだ！」と言ったものだから、「なにぃー、このあまあ！」と手を振り上げたので、「私が悪いんだから、もう喧嘩やめて！」と私は必死で止めました。

悲しい出来事でした。翌日、専務に話すと「それは大変なことだったねえ。会社にいるときだけして、家には持って帰らないほうがいいね」と言ってくれました。

以前ほどではないにしても、喧嘩は絶えませんでした。私がいい子になろうとするのが気に入らないのかもしれません。

下の義兄は苫小牧に働きに行き、運送会社の運転手になりました。義父は漁師にさせようとしたのですが、船酔いがひどくてあきらめたようです。出発のとき、会社から軍手を五双を借りてきて、餞別代わりに渡しました。

「ヨッコ、辛くなったら苫小牧さ来いよ！」

このひと言に泣いてしまいました。上の義兄は酒田さんの船に乗っていました。いつも私に「金借りてきてくれ！」ばっかりです。我が家でもめごとが起こるたびに、私は家に帰らず、宇和島宅で子守りをしながら、夜の食事をいただくようになっていました。

大阪の叔母には、手紙で状況を報告してありました。ある日、叔母から「大阪へ来ないか」という手紙が来ました。意外なことで驚きました。宇和島さんの奥さんに話すと、「そのほうが洋ちゃんのためによいと思うよ！」と即答してくれました。そこへ専務が帰宅しました。

「そのほうがいいねえ。うちは困るけど、洋ちゃんのためを思うと会社のことなんか言ってられないから。大阪でなら働くところ、探してあげられるよ。材木屋をたくさん知ってるから」

そこまで言ってくださったので、これは本格的に考えねば……と思い、その夜は眠れませんでした。

母に話すと、泣いていましたが、私のことを思って心を決めたようです。

この村に生まれ育って十七年。あまりにも悲しい出来事ばかりでした。

でも、思う存分練習はできなかったけれど、土谷先生のおかげで無我夢中でバレーボールをやれたことが一番の幸せでした。そして、それが私の青春でした。

「先生、真二さん、デコ、友だちの皆、ありがとう！

私を励ましてくれた近所のおばさんたち、いつもやさしく迎えてくれたはるおばさん、辛くなるとやさしく労《いたわ》ってくれた文ちゃん、宇和島さんご夫妻、皆みんな、ありがとう！」

私は、ひとり浜へ出て、冬の荒波に向かって大声で叫びました。

感謝の気持ちでいっぱいでした。皆さんのおかげで頑張って生きていくことができたのです。これから、心の凍えを溶かしてくれる場所を探しに、人生の旅に出ます。

「支えてくださった皆さん、本当にありがとうございましたあー！」

私はもう一度叫びました。

浜から家に戻り、寝床に入っても眼は冴えるばかりでした。

二、大阪へ

旅立ち

昭和三十一年一月二十九日、私は部屋の窓から旅行カバンを外に放り投げ、梯子で降り、逃げるように我が家を後にしました。ジーゼルカーがホームに入るまでびくびくしていました。ドアが閉まってからも、義父が乗り込んでいて連れ戻されるような気がして車内をきょろきょろしていました。胸の動悸がようやく治まったのは、苫小牧近くまで来てからです。

さて、興奮が治まってくると、次は不安に襲われました。田舎育ちの小娘が大都会に向かっているのですから不安は隠しきれません。叔母以外、知っている人は誰もいないのですから……。小さな胸を痛めながらも函館に到着しました。「猛吹雪のため青函連絡船は予定通り出航できない」という知らせがありました。

不安を押し殺してベンチで待っていました。予定より二時間ほど遅れての出航です。船の揺れがひどくて船酔いもしました。青い顔をして片隅にちょこんと座っていたら、船内の係りの人が隅のほうを指差して、「あそこで休みなさい」と親切に言ってくれました。行ってみると畳が敷いてありました。仮眠するところなのでしょう。そこで横にさせてもらいました。

青森には早朝着きました。青森から大阪までは、鈍行で三十六時間かかりました。その間、車中でいろいろな人と出会いました。帰省される自衛隊の方、行商のおばさん、出張される方々、長い旅の疲れも感じることなく、それぞれの人たちと車中楽しく過ごすことができました。最高の思い出です。

大阪駅のホームには、叔母が迎えにきてくれていました。そのときの私の服装は、木戸のしんちゃんの保証で、月賦で買った黒いロングコート、靴は加藤さんの娘さんからいただいたものです。

最初の一日だけ、叔母がお世話になっているお家に泊まらせていただきました。その後は、叔母が知り合いの魚屋のおばさんに頼んでおいてもらった板垣商事会社社長宅。板垣家でお手伝いさんとして働くことになっています。

十七歳の冬のことでした。

お手伝いさん

昭和三十一年二月一日、叔母に連れられて、板垣家の門をくぐりました。

奥さんにお会いして何と都会的な美人だろうと思い、まぶしいくらいでした。挨拶を済ませると、叔母は帰りました。

家族はご夫妻と小学校一年生の女の子、三歳の男の子の四人暮らしです。

早速、奥さんの指導を受けることになりました。

田舎では見たこともないものばかりです。ガスレンジ、冷蔵庫、炊飯器、掃除機、洗濯機、テレビはもとより、お風呂はガスで沸かすので、面食らうばかりです。教えてくださる奥さんも大変だったと思います。田舎では力仕事ばかりでしたから、機械を触るのは、ほんとに「おっかながったあ」という感じでした。

三日目には、掃除機を壊してしまいました。ボタンを押せばいいものを、回したり引っ張ったりしたので、ボタンが取れてしまったのです。炊飯器はタイマーをセットするのを忘れて、朝は大慌てしました。

身体は楽なはずなのに、気ばかりあせってくたくたになってしまいました。

「都会というところは、ほんとに疲れるなあ」が実感でした。

女の子を「お嬢ちゃん」、男の子を「坊や」と呼ぶように言われました。お嬢ちゃんはとってもかわいい女の子で、すぐに私を「洋ちゃん、洋ちゃん!」といって慕ってくれたので、私もとても嬉しかったです。後は、毎日電気製品との闘いです。

ある日のこと、電気製品にもだんだんと馴れてきて、部屋の掃除も終わり、最後にお風呂の掃除をしながら気分がよくなってきたのでしょうか、

「なーがい　たびーじの　こうかいおええて〜」と、ひばりの歌を調子よく唄っていたら、奥さんが風呂場へ飛んできて「そんな大きな声で唄わないでちょうだい」と言われてしまま

いました。涙が出て仕方ありませんでした。

奥さんは間もなく外出されたので、ガラス磨きでもしようかと思っているところへ、近所に住んでいる奥さんのお母様、田村のおばあちゃんが来られました。そして風呂場を覗き、「洋ちゃん、もう済んだの?」と聞かれたので、「はい、終わりました!」と答えました。

「あのね、浴槽はこれでええけど、角の銅のところはもっと磨いて!」

と言って磨き粉をつけてピカピカにしました。私はびっくりです。田舎の風呂は水で流すだけですから。ご飯のおひつの銅も同じくでした。田村のおばあちゃんは非常にきれい好きで、しかも厳しいので、若かった私は苦手でした。奥さんは毎日のようにデパートへ買いものに出かけます。

大阪へ来たら、もっと暖かいだろうと思っていたのに、部屋に暖房がないので寒くて寒くてたまりませんでした。

間もなく私の好きな春が訪れました。お嬢ちゃんは二年生、坊やは幼稚園に通うようになりました。私が通園バスまで送り迎えすることが多くなってきます。やがて春の遠足のシーズンです。

「洋ちゃん、これアイロン当てておいてね。明日、百合子が遠足に着て行くので」

その洋服を見ると、素晴らしいよそゆきなので、「これをですか？」と尋ねました。田舎の遠足は山歩きですから、わざわざ汚い服を着て行くのですが、その違いもわかってきました。アイロンを当てて、「奥さん、これでいいですかあ？」と見せますと、「洋ちゃんに奥さんって呼ばれると、何だか叱られてるみたい」と言われ、今度は消え入りそうな声で「すみません」と言い、眼にはいっぱいの涙です。

そんなことも数多くあり、語り尽くせぬ苦労をしました。

とはいえ、楽しいこともありました。

奥さんが外出から帰ってきて、「洋ちゃんもどうぞ！」と手渡してくれたのは、風月堂のゴーフルでした。生まれて初めて食べました。この世の中に、こんなに美味な菓子があったのだ！と、感激したくらいです。なのに、子どもたちはあまり食べません。不二家のケーキをいただいたときは、子どもたちの下着入れとしても使われている自室のタンスの上に載せ、「皆、ごめんね、姉ちゃんばっかり美味しいもの食べて……」と、手を合わせ、詫びていました。でもクッキーや腐らないものをいただいたときは溜めておいて、弟妹に送ってあげたりしていました。

でも、いくら美味しいものを食べることができても、朝起きて寝るまで他人様の中、知人も友人もいない寂しさは格別でした。

お給料は二千円。そこから、オーバーの月賦を支払わなければなりませんでした。また、実家のほうでお祭りや運動会があるときやお正月には必ず、奥さんやお嬢ちゃんからいただいた古着を送っていました。

私は相変わらず頑張りやですから、努力して皆さんに認めてもらえるようになりました。翌年の花見シーズン。板垣商事の株主である芦屋の城崎家で盛大な花見が行われます。その花見パーティーに私もお供させてもらうことになりました。そのお屋敷を見たときはびっくりです。お庭の広いこと！　それから、奥さんが犬好きで、大きな犬が四頭ぐらいいました。ガスストーブで暖房されている六畳の部屋には、ふかふかの座布団に座ったチワワがいました。これだけの数ですから当然犬の飼育係もいました。北海道の田舎でのお金持ちと言えば、ニシン御殿ぐらいしか知らないので驚くばかりです。

いよいよ花見の宴会が始まりました。そこには、串カツ屋、寿司屋、おでん屋、その他すべて本職の方たちが勢ぞろいしていました。私は田舎者ですから、うろうろ、きょろきょろばかりしていました。帰宅してからも興奮冷めやらずです。

夏休みに入ると、今度は避暑に六甲へ行きます。板垣商事のモデルさんたちも一緒です。ここに、私も参加させていただきました。昼はパターゴルフ、夜はゲーム、そしてくじ引きがありました。景品は、砂糖十キロ入りの袋、お米十五キロ、電気毛布……凄いの何のって、もう別世界の出来事のようでした。私が当てたのは、砂糖だったと記憶しています。

スポンサーは城崎さんです。この方が板垣夫妻とよくゴルフに行きます。私はお茶を出すだけですが、お正月には千円ものお年玉をくださいました。給料の半分です。正直言って、この方の来られるのを心待ちにしていました。

そんなことがあってから、叔母から「ひばりの公演を見に連れて行ってあげる！」と言われたときは、夢かと思ったくらいです。公演は北野劇場でした。席は後の方でしたが、憧れのひばりちゃんを実際に見ることができたのですから、興奮しました。このとき初めて大阪に来てよかったとしみじみ思いました。

大阪に来て二年くらい過ぎた頃、ひとりで映画を見に出かけました。

奥さんからいただいたハンドバッグを持ち、革靴を履いて外に出ました。すると、いつも古着や古新聞を買いに来るおじさんが荷車を引いていたので、後ろから押してあげました。

「ああ、板垣さんとこのねえやさん、ありがとう」

と言って嬉しそうに笑ってくれました。私も田舎でよくリヤカーを引っ張ったものだと、ふと懐かしく思い出しました。大阪でイチゴを食べると、小学生の頃、遠足に行って野イチゴを食べたことを思い出し、ぶどうを食べると、デコとご用籠を持って出かけたことを思い出します。デコは木に登り上からぶどうを落としてくれました。そして、あきるほど食べた後、家に持ち帰り葡萄酒をつくりました。

涙の出るほど懐かしいこととなってしまいました。そんなことを思い出した日の夜は、必ず郷里に手紙を書きました。いつも涙を流しながら……。

さて、映画に出かけた話です。

新森公園からバスに乗ったのですが、目的地の大阪までひどい車酔いのため行くことができず、天六で降りてしまいました。当て所なく歩いていると、今度は履き慣れない靴を履いていったせいで靴ずれが痛くて、泣きそうになりました。でもせっかく初めて来たのだから何でもいいからと思い、『両面の鏡』という映画を見ました。主演はミシェル・モルガン。これがまた素晴らしい映画でした。しかし、帰りは裸足になりたいくらい足が痛くて、半泣きで帰ってきました。正直に奥さんに話すと大笑いされました。

板垣家での生活に、私もだいぶ馴染んでいきました。

お嬢ちゃんは学校から帰ると「洋ちゃん、洋ちゃん！」と付いて回ります。宿題も一緒にします。かわいくてたまりませんでした。

家の掃除をする頃、郵便屋さんが来ます。私に郵便物を手渡してくれた束の中に、私宛のものが一通入っていました。宇和島木工所で一緒に働いていた斉藤さんからでした。誰からであっても手紙は嬉しいですから、ほうきを持ったまま開封しました。思いがけないことに、「洋ちゃんが好きだったけど、言えなかった」という内容でした。

こういうのは、これでふたり目です。もうひとりは松島君でした。「好きだなんて言ったら、洋ちゃんにぶん殴られるだろうと思った」と後になってやはり手紙をもらったのです。「今さら遅いよ、私はもてないいんだっていつも悲観してたのに……」と思いました。でも、告白されて悪い気はしませんでした。

三年目のお正月が来ました。連日来客で、洗いものばかり、前掛けがびしょ濡れになるので、何回も取り替えなければなりません。

板垣家にお客としてやって来る若い娘さんたちは、きれいに着飾っています。私にもいつかあのような日が来るのだろうか……ふとそんなことを考えてしまいました。

その年、私は成人式だったのです。といっても、友だちがいるわけでなし、それでも招待状が来ていたので、近くの学校に行き、講演を聴きました。板垣さんからお祝いにアルバムをいただきました。これが私の成人式でした。

三年は長いようでも、毎日忙しくあっという間でした。

お世話になるとき、三年間働かせてもらいますと言っていました。四月にやっと後任者が見つかったので、お暇することになりました。

お嬢ちゃんが、とても悲しい顔をしていたので、別れが辛かったです。

それから、すぐに魚屋のおばさんのお世話で、今度は同じ区内の矢川医院で働くことになりました。また新しい生活の始まりです。

矢川医院

板垣家を出て、叔母とともに矢川医院の門をくぐりました。

ここでの仕事は、朝八時半までに診察室、投薬室、待合室の掃除をすることです。九時より診察が始まるので、患者さんの受け付け、カルテが回ってきたら、投薬と清算をします。午前中は十二時までとなっていますが、終了は午後二時頃になることがしばしばありました。

夕方の診察は五時から九時まで。といっても、終了時は、十一時くらいになることもあります。労働時間は長いけれど、給料ははじめから「六千円」と言われびっくりしました。板垣家では二千円からスタートして五百円ずつアップ、三年半終了時で、三千五百円でしたから、その差に驚きました。

ドクターは、ご主人先生と奥さん先生のふたり。奥さん先生は主にレントゲンの撮影をされていました。

子どもは三人、奥さんのご両親を合わせ七人家族です。奥さんのお母様は、投薬を手伝っていました。また、家事は通いの家政婦さんがすべてやっていました。

大変なのは投薬でした。棚に薬瓶がずらりと並んでいて、計りながら紙に包むので、時間のかかるのはもちろんですが、薬瓶の場所を覚えることが先決と考え、暇をみては薬瓶とにらめっこしていました。おかげで、半年かかると言われたのを三カ月で覚えることができました。

日曜日は家政婦さんが休みなので、私が勝手に子守りをしながら市場へ買いものに行ったり、食事をつくったりしました。

三カ月後には「よくやってくれる」といって、給料を一度に三千円もアップしてくださいました。認められたことがとても嬉しかったです。

梅雨時期に入ると、奥さん先生のお母様のリューマチが悪化します。投薬を手伝うどころではなく、二階の自室で痛みのため「のたうちまわる」のです。とても辛そうでした。

当時、一錠百五円もする高価な薬を飲んでいました。それでも痛みは完全に治まらないらしいのです。

「洋子さんも無理して働きそうだから言っておくけど、風邪ぐらいなんて簡単に思ってはいけないよ。私のようになってしまうと、取り返しがつかないから……」

私にそう言いました。手の指は曲がり、足は引きずるようにして歩いていて、本当に気の毒でした。そして、

「医者の家の者がこんな姿では恥ずかしいので外には出ない」

と辛そうに話されていました。次女は東京でシスターになっているので、一年に一度しか会うことができず、不自由な足を引きずりながら遠方まで会いに行かれる姿が、痛ましかったものです。でも、素晴らしい母親像を見せてもらった気がします。

「七月に帰郷させてもらいたい」と願い出て楽しみに働いていたのですが、あいにく盲腸になり、入院することになってしまいました。そのため帰郷は少し遅れて八月になりまし

た。

いよいよ帰省するという前の晩は、眠れないほど興奮していました。

叔母は私が大阪に来てから二年後、中学校一年生の男の子と小学校二年生の女の子のいる人と結婚をしました。その叔母一家が、大阪駅のホームまで見送ってくれました。

夜行列車の「白鳥」が、大阪を離れました。興奮も少し治まった頃、さっき叔父が買ってくれた「小説新潮」をバッグから取り出しました。そのとき初めて、前の席の老紳士と好青年に気がつきました。すると、若い方がやはり同じ「小説新潮」を持っていたので驚きました。互いににっこり！し、そのおかげで、本を読むどころか、金沢まで一睡もせず話し続けました。彼は金沢へ出張に行くことがわかりました。安全標識や道路標識の製造、販売の会社に勤めていて、主に地方の警察を回って営業するそうです。私は初めてそのような仕事があることを知りました。

別れるとき、大阪での再会を約束しました。しばらく興奮は続いていました。

大阪から二十二時間、ひとり寂しく過ごすつもりが、六時間も素敵な彼と共に過ごすことができた悦びは、何にも譬えようがありません。

我が家へ帰っても少しぼーっとしていました。母は涙を流して迎えてくれました。

「いつもお金や衣類を送ってもらって、すまないねえ」

とまた泣くのです。義父も人が変わったように、おとなしくなっていました。

弟妹も大きくなっており、妹は驚くほどかわいくなっていました。弟がオムライスをつくってくれて皆で食べ、幸せを感じました。

後はクラスメイトや真二さんにも会い、思い出話に懐かしく花が咲き、時間が経つのも忘れるくらいでした。友だちは皆彼がいるらしいことがわかりました。私は車中のことがよぎりましたが、誰にも話しませんでした。

私が帰郷したのでクラス会のつもりで、支笏湖へ行くことになりました。村の郵便局のテントを借りて、男三人女三人。テントは分かれて寝ることになっていましたが、皆寝るどころか、夜中に真っ暗な湖にボートを出しました。

初めてこのような遊びをして、本当に楽しくて、夢なら覚めないで欲しいと思いました。

いつも思うのですが、楽しいことはすぐに過ぎ去ってしまうのです。

最高の思い出をつくってもらい、再び大阪に戻る日がやってきました。

ちょっぴり残念でしたが、でもこのまま戻って村に住みたいとは思いませんでした。それは車中の彼のことがあったからです。早く帰りたい気がしました。

それに矢川医院にはお世話になってから、まだ日も浅いのに入院するわ、帰省するわで、本当に勝手ばかりさせてもらったので、一生懸命働こうとも思っていました。

夏休みが終わってからは、矢川医院で頑張りました。

ある早朝のこと、但馬のおばあちゃんが診察に来たので、すぐにドアを開けに行きました。足が悪いので、待合室まで手を引いてあげます。そうすると、「いつもありがとう！」と言ってくれます。そして、そのおばあちゃんは、生活保護を受けているのに、私に「いつものお礼！」と言ってハンカチをくれたのです。奥さん先生が「今まで生活保護を受けている人から、贈りものをされたのは洋子さんだけ!」と言って苦笑いしていました。複雑な気持ちでした。


さて、車中の彼のことについて記します。

両親は、芦屋に住んでいて、お父様は税理士。

ひとり息子である彼は、阪大経済学部を卒業後、就職、いずれは、父親の税理士の仕事を引き継ぐということがわかりました。

私より四歳年上。名前は、黒沢隆一。アパートでひとり暮らし。

黒沢さんは出張が多くてなかなか会うことができませんでしたが、念願かなって、ふたりで宝塚の遊園地に行きました。車中あんなに話が弾んだのに、その日は互いにあまり喋ろうとしませんでした。それが、第一回目のデートでした。

次回のデートを楽しみにしながら、彼は出張へ、私は患者さん相手に一生懸命働きました。

秋口になった頃です。

「洋子さん、さっき、彼の会社の島田さんという方が来られて、貴女のことをいろいろ聞かれたから、よく働くいい娘さんですよと答えたわよ」

と奥さん先生に言われ、びっくりしました。それから数日後、彼から「僕の両親に会って欲しい」と言われ、今度は胸がつぶれそうになりました。

そして、ついに梅田のデパート内のレストランでお会いすることができました。そこで、お父様に「お正月は、家のほうに来て欲しい」と言われました。私のように学歴もない者が歓迎されていると思うと、嬉しくてたまりませんでした。一方で、本当に私でいいのだろうかという、不安もありました。

そして、翌年のお正月、初めてお家に伺い、すき焼きをご馳走していただきました。お父様にお酌をしました。

「こんな頼りない息子に、本当に貴女のようなしっかりした方にお嫁さんに来てもらえるので嬉しいです」

と涙ぐんでいました。私は本当に幸せ者だと思いました。

ところが、翌年の春に結婚ということに決まりかけていた一月の末日、義父死去の訃報を受けました。私は葬儀には行きませんでした。せっかく私もやっと幸福になれると思った矢先に……。とりあえず三月になってから帰省しました。

家に戻ってみると、母はただおろおろしているばかりでした。

「私はとってもこの子たちをかかえて生きてはいけない」

と言って泣くだけです。私もはたと考えてしまいました。

このまま郷里に残って家族の面倒を見るか？と思った瞬間、彼の顔が、お父様の嬉しそうな顔が浮かんでくるのです。

どうなってもいい！　皆を連れて大阪へ行こう、とにかくガラクタでも何でもお金に換えて、大阪に行くのだ！

私は、そう決心しました。

それから近所の人たちに訳を話し、箸の一本まで買ってもらいました。すべて質屋で流されてしまったので、桐のタンスぐらいしか高価なものはなかったのですが、それは森下のおじさんが「これは、ヨッコちゃんが嫁に行く時まで預かってやるからな」と言って、お金を渡してくれました。涙が溢れました。

森下家はお金持ちですから、〝私たちを助けたい〟その親切心から桐のタンスを買って（実際には預かって）くださったのです。

何とか当座しのげるだけのお金ができたと思ったら、「あっちこっちの店に借金がある」という母の声を聞いてまた愕然となりました。しかし支払わねばなりません。上田商店、岡田商店、最後に大山商店に行くと、ご主人が「あんたもこれから大変だろう。この付けは、餞別にさせてもらう」と言ってくれました。私は頭を深々と下げて、止めどなく流れる涙をぬぐいながら、立ち去りました。

近所の方々をはじめ、大変お世話になった宇和島さん、橋本さん、隣の中野さん、はるおばさんたちに、お別れの挨拶に回りました。文ちゃんも来てくれました。

翌朝、私たち家族四人は近所の方々に見送られ、故郷を後にしました。

ところが、列車の窓から離れ席に着こうとすると、榎本鉄工所のおじさんが近寄ってきて、

「あんたがたは、家賃も払わないで逃げていくのか！」

と怖い顔で言うのです。

「何のことですか？」

「水害であんたのとこの家が流れて、それから今の借家に入ったんだべ！　その家賃だ！」

寝耳に水でした。水害の後、村役場から家を建てる材木をちゃんともらったということで、それを燃料にしたという結果がこれです。もう万事休すとしょげていたら、宇和島専務が現れました。

「榎本さん、貴方も役目でしょうが。どうぞこの場は何にも言わずに大阪へ立たせてやってください。後は私が責任持ちますから」

そのおかげで私たち一家は、無事大阪に向かうことができました。宇和島専務には最初から最後までお世話になりっぱなしでした。

大阪に着くと、まず私たち親子は、叔母の家に身を置かせてもらい、私は家探しに歩き回りました。

毎日毎日探したのですが、子どもがいると言うと断られました。以前働いていた新森に行っても駄目でした。

黒沢さんと結婚したい！　何としてでも……そう思うあまりに、こんな大それたことをしてしまったと後悔しました。

だんだん辛くなり、京阪電車に飛び込もうかと思いました。でも、私が死んだらあの子たちはどうなるんだ。何のためにここまで引き連れて来たんだ。自分のためではないか！そう思うと新たに元気が出て、お世話になっていた板垣社長のお宅に足が向きました。奥さんは、「実家の田村の母なら、つてがあるかもしれない」と言って、連絡を取ってくださいました。そして、その翌日、新森の賀川さんという方のお宅の六畳一間を借りることができました。おばあさんひとりで暮らしているのです。これでやっとひと息つけることになりました。

引っ越したその夜の食事は忘れもしません。アイロンのふたを拾ってきてまな板代わりに使い、親子どんぶりをつくって、本当の親子で食べたのでした。

それから、新学期が始まっているので、弟を中学校に、妹を小学校にそれぞれ転入させました。

矢川医院には敷居が高くて戻れませんでした。それと、私も少しでも収入の多い道を考えたかったし、手に職をつけたいとも思っていたので、矢川医院で働くことは到底無理でした。まだ北海道にいると嘘の連絡をしたけれど、矢川医院では、知っていたようです。本当に迷惑のかけどおしでした。それまでの人生の中で、これほど迷惑をかけたところはありません。

それから、ますます敷居が高くなってしまい、顔を合わすことができなくなってしまいました。矢川医院には多大な迷惑をかけ、結局去ることとなりました。

田村縫製所

田村さんのおばあちゃんのおかげで、住むところができました。本当に感謝の気持ちでいっぱいです。

次は仕事を探さなければなりません。弟は読売新聞の配達員になりました。

母は丸山うどん製造所と決まり、私は技術を身につけたいと考え、近くの縫製所で働くことにしました。ひとりひとりが、ひとつになって頑張ろうと励まし合いました。

しかし母は、うどん製造所に通い始めて三日後、「皆が手のろだと言っていじめるんだ」と泣き出す始末です。生まれて初めて働いた母。田舎でさえ通用しない母が、生き馬の目を抜くと言われる大阪で初めて働くのだから無理もありません。私はあきらめることにしました。その頃、田村のおばあちゃんが我が家へ来て、「手に職をつけたいんなら家へ来てくれないか?」と毎日のように足を運ぶようになりました。

仕事は輸出物のスカートやスラックスなどの縫製でした。

恩ある方からの頼みでも、厳しいおばあちゃんのところで働く気にはなれなかったのですが、今恩返しをしておかないと、また義理を欠くことになると思い、その日から田村縫製所で働くことにしました。社長は、田村のおばあちゃんの長女、つまり板垣家の奥さんのおねえさんです。離婚してこの仕事を始めているのですが、なかなかのやり手です。しかも、とても情のある方でした。炊事の人が見つかるまで食事の支度のほうを手伝って欲しいと言われ、仕方なくそうすることにしました。

ある日、事務員が風邪で休んだので、私が電話に出ました。現在手がけている縫製の件で、谷口ソックスという会社からでした。問い合わせには適当に答えました。その二日後、事務員がいるのに私宛にまた谷口ソックスから電話がありました。そんなことが、しばしばあったせいかどうか、事務員は辞めてしまいました。その仕事も私がせざるを得なくなりました。事務の仕事、銀行走り、そして住み込みの人たちの食事の世話。もう忙しさは尋常ではありませんでした。夜は、製品を入れる箱折から製品のラベル付けをやり、我が家に戻るのは十一時ぐらいでした。

田村のおばあちゃんは気を遣って、お米や野菜、食器類などを届けてくれました。

文句を言っていられないので、とにかく働きまくりました。いつの間にか私はおねえさん（社長）の片腕と言われるようになりました。

ようやく炊事のおばさんが見つかり、やれ嬉しや、仕事に専念できると思いきや、この人がとんでもない人だということがわかります。私が「ちょっと銀行へ行ってくるね」と言おうものなら、おばさんは「洋ちゃん、塩もみ用のきゅうり切ってから行って！」と追いかけてくるのです。仕方なく、四本並べたきゅうりをいっぺんに切って、合計五十本分のきゅうりを切ってから出かけたこともあります。そして、戻ってから私が味付けをするのです。何とえらい人が来たものだとおねえさんと苦笑しました。

一方、おばあちゃんは高齢のため、のんびりしたいということで、近くに住居を構えました。すると、「おばさんに掃除に来てもらうと、ハタキでバンバンやっていやだから、洋ちゃん来て」とまた言われるのです。身体がバラバラになりそうでした。でも、やりがいがあったからこそ、頑張ることができました。

あるとき、運転手として入ってきた中に、態度の悪い人がいました。朝の挨拶はしない、ものは言わない、そんな暗い人物が住み込みとして入ってきたのです。皆もいやがるし困ったものだと、私もおねえさんと話していました。

出荷の前夜、ミシンをかける者以外は製品のラベル付けをすることになりました。及ばずながら、私も手伝いました。その暗い彼と私は向かい合わせになったので、「何か悩みごとあるの？」と切り出しました。すぐには返事をしませんでしたが、ポツリと「俺は継母に育てられて……」と言い出しました。話を聞くと、その継母に辛く当たられ、捻《ひね》くれてしまったらしいのです。「そうだったん！」と言って、私も、自分のことをかいつまんで話しました。彼は、「参ったなあ。洋ちゃん、凄いなあ」とやけに感動していました。

翌朝、彼は皆に「おはよう！」と言ってくれました。私は嬉しかったです。それからは、外回りに出るときも、「行って来ます」と言うようになりました。当たり前のことなのですが、それさえもできない人もいるのだと思いました。

「洋ちゃんのカレーが食べたい！」とお世辞に言ってくれたので、お調子者の私は、つくってあげました。しかし、彼は警察からマークされていたみたいで、そのとき、いつの間にか来ていた警察が彼を取り囲み、連れて行ってしまったのです！　何とも言いようのない胸の痛くなる思いをしました。

我が家は仕事場から近いので、遅くなっても必ず帰りました。母は箱折の内職を始めました。私が縫製所から持って帰るのです。いくら遅く帰っても私は内職を手伝いました。母は手が遅いので、ひとりでは急ぎのときは間に合わないのです。

輸出物は納期が厳しく大変です。あまりの忙しさに、黒沢さんのことを考えるゆとりすらありませんでした。会社へ電話があり、「どうしているか心配している」と言ってくれました。申し訳ないと思うのですが、デートどころではないのです。

今夜は徹夜になるかもしれないと、皆が頑張っているところへ谷口ソックスの社員、杉原宏君がやってきました。ラベルを持ってきたのですが、見かねてそのまま手伝ってくれました。これが杉原との出会いとなりました。

彼は非常にひとなつこい性格で、誰とでもすぐに親しくなります。やがて、我が家に来ることが多くなりました。私が残業して遅く帰ると、弟妹をドライブに連れて行ったり、母の内職を手伝ってくれたりしました。彼の存在が私の心の中に入り込んできました。

その年のクリスマス、黒沢さんと会ったのですが、心身ともにぼろぼろになっていたので、胸の高鳴りもなくなっていました。相手もそれを感じ取っていたと思います。年明けに、黒沢さんと同じ会社の島田さんを通じ、婚約を解消してもらいました。さすがに悲しさが込み上げてきましたが、感傷的になっていたのは、ほんの束の間でした。忙しさが忘れさせてくれました。

やがて、田村縫製所は従業員も増えました。従業員慰安のため、福井まで一泊旅行をすることになりました。杉原も参加し、ますます親しくなっていきました。

その頃ダンスが流行っていました。私も習いに行きたかったのですが、とにかくお金がないので、裁断切れ屑を売った中から二百円いただいて習いに出かけました。十五分間六十円です。後は人の足を見て覚えました。経営者は中学校の教師を退職して始めた方なので、客層もよかったのです。私がいつも見ているので、踊りに来た人のパートナーになると、十分で四十円のチケットがもらえることを教えてくれました。そこそこステップが踏めるようになってから、パートナーになり、もらったチケットでまた習うというのを繰り返しました。

こうして好きなこともやっていました。

さて、それからおねえさんは手広く商売を始めたのですが、借金がかさむばかりで、ついに借りるところがなくなってきました。どのつまりはヤクザのところにまで私が借りに行ったことがあります。殺風景な事務所の机の上に男が足を載せていて、女が爪を切ってあげている光景は何だか異様で、身震いがしました。十万円の借用書を渡したら、七万円の現金が手渡されました。怖かったです。それが終わると、次はいつも食料品を買っている店の主人に借りてほしいと言われたので、お願いに行きました。

「このお金は田村さんにではなく、貴女に貸す」と言って三十万円渡してくれました。責任重大です。

その頃、おばあちゃんは床に臥していました。私は毎日必ず顔を出しました。「洋ちゃん、厚子を頼むな」と何度も言っていました。厚子というのは、おねえさんのことです。おばあちゃんは、板垣の奥さんに頼んでいつも私の好きなものを買っておいてくれました。そして、ふらふらの身体で押入れを開き、きちんと整理された行李を指さし、「これは私が寝込んだら汚物用にして。それから、この箱には、厚子の喪服が入っているさかい。頼むな」などと言うのです。

亡くなられる前日まで、下着は自分で風呂場に行ってしゃがんで洗っていました。それから、必ず起き上がって髪を櫛で梳かすのです。その後オーデコロンをひと振りする姿は、女の鑑でした。

昭和三十六年三月、おばあさんは、おねえさんのことをずっと気にしながら、とうとう亡くなられました。私はずっとそばで見守っていましたので、様子が急変したときはすぐに医者を呼びました。でも、「ご臨終です」の言葉。その後は、おねえさんとふたりで大声で泣きました。私は枕元に手をついて「本当にお世話になりました」とお礼を言いました。

それから間もなく、田村縫製所は倒産しました。

おねえさんは債権者から逃れるため、桜橋の高嶋御殿にエスケープしました。

私は債権者から迫られました。

「あんたが知らないはずがない」と言って、私の行くところには必ず誰かが付いてきたのです。そんな中で、縫製加工賃を集金しては、近所の八百屋さんに返金しました。後は少なくなった生地を売って住み込みの者の食費に充てました。少し落ち着いた頃、夜中におねえさんの宿泊しているところへ出かけました。広い立派な部屋でした。そこはラブホテルで、私はものめずらしくて眺めていました。おねえさんは「ご苦労さん、大変やったろう」と言ってサンドイッチを注文してくれたことを鮮明に覚えています。

その後、田村縫製所は中畑繊維に身売りして、下請け工場となりました。

ところで、倒産のどさくさの中であのヤクザさんが一番早く来てかなりの生地を持っていったのには驚きました。さすがでした。

それからは、静かに縫製だけの仕事となりました。

その頃のことです。おねえさんが「近江染工場の社長さんが、洋ちゃん一家をお世話したいと言ってきたよ」と言ったので、私は「人のお世話になるくらいなら、皆殺して自分も舌かんで死んだほうがましだわ！」という言葉を叫んでしまいました。

おねえさんは「そんなふうに言うと思ってた」と笑いました。


杉原君（当時、そう呼んでいた）とは、電話だけのデートでした。夜そっと抜け出し、公園の公衆電話で長電話。当時は十円でいつまでも話すことができたのです。土曜日の夜はいつもマージャンをしているので、杉原君は受話器を肩に載せて、長電話をしていました。電話の向こうには、にぎやかな話し声とパイの音がしていました。

その後、杉原君の会社の専務が亡くなられました。彼が一番尊敬していた人だったそうです。彼は会社を辞めて、板垣家の社長の秘書兼おかかえ運転手になりました。

杉原君から結婚の話が出ましたが、そんな状況で、結婚などそのときはとても考えられませんでした。そのことを、おねえさんに伝えると、「今がチャンスだと思う。結婚しないで弟妹の犠牲になっても誰も喜んでくれないよ」と言われました。考えて考えて考え抜きました。しかし、私にはお金がありません。「百円のお金もない、結婚なんてとても無理」と言うと、それでもかまわないと杉原君は言ってくれたのでした。

三、新しい生活

結婚

昭和三十八年十月、私は二十四歳、杉原は二十二歳、私たちはついに結婚することになりました。

結婚式は鳴門の知り合いの旅館で行いました。花嫁衣裳は杉原の義姉が美容師なので、着せてもらいました。母と叔母、妹の三人が式に参列し、旅費まで出してもらいました。新婚旅行は北九州へ行ったのですが、これもすべておんぶに抱っこ。とにかく、おみやげを買うお金もなかったのです。

こんな貧乏な花嫁はふたりといないだろうと思いました。

新婚旅行から帰ると、わずかばかりの衣類をスバルサンバーに積んでひとりで杉原が借りてくれたアパートに運びました。

スバルサンバーを購入した、軽自動車販売をしていた高木産業では、一台購入したら五千円で、教習所に通わせてもらえるという特典がついていたので、五千円で免許を取ることができました。当時はまだ軽自動車免許がありました。

新婚生活

新しい住まいは、新森でした。六畳一間、炊事場とトイレは共同のアパートです。家財道具は知人友人からお祝いにいただいたもので間に合いました。

数日後、郷里の村役場に勤務している同級生に戸籍抄本を頼んでおいたのが届きました。中を開くと、「母秋月テル」のみしか書かれていませんでした。同じ秋月姓であった義父は、私との間で養子縁組をせず、母との結婚だけを届け出していたのです。愕然としましたが、今さら仕方ありません。そのとき、私は義父と違って何があっても子どものために生きていこうと誓ったのです。

その後、夫は、森本縫製所でアイロンかけの仕事をするようになりました。

私は前と同じ田村縫製所さんのところで働いていました。

初産

間もなく私は妊娠しました。つわりというものが全然なかったので、普通どおりに生活していました。

妊娠中、後から思うとヒヤッとするような、こんな事故がありました。

納品する製品を車に積んで踏み切りを渡ったとき、右から来た車と衝突。このときは、車がへこんだだけで済みました。次は、他の人の運転で、日本橋の交差点で右折しようとしたところへ、向かい側から突っ込んできた車と衝突、スバルサンバーは倒れて一回転！私は窓から這い出したのです。すぐに産婦人科で診てもらいましたが、「赤ちゃんに異常なし」と言われ、安心しました。

そんなことがありながら、いよいよ出産の日がやってきました。

昭和三十九年、九月一日、男の子誕生！　友人がたくさんお祝いに駆けつけてくれました。田村のおねえさんがやってきたので、「男の子よ、やったでしょう」と自慢顔を見せると、「うん、よかったね」と言ってすぐ病室を出て行ってしまいました。

「赤ちゃんは保育器に入れられている」と聞かされていました。四日目に尋ねると、夫がコップ一杯の水を飲んでから、「赤ちゃんは、へその緒が巻きついてて、それが短かったため窒息死した」と言うのです。全身の血が逆流しました。それで辛くなっておねえさんや友だちが、すぐ病室を出ていったのかと、やっと理解することができました。

そのとき、人並みに幸せになろうとしたのが間違いだったのかも……とまで思ってしまいました。

田村縫製所は辞めていたので、退院してショックから立ち直ると、昭和四十年の一月から、私は化粧品会社経営の太田宅で事務員として働くことになりました。その頃、夫が「タクシーの運転手になりたい」と言うので、知人に頼むと、タクシー会社を紹介してくれました。二種免許を持っていると給料がいいと知り、教習所に通うことになりました。

夫の収入がなくなるので、私は昼は事務員、夕方からは喫茶店で働きました。経営者の親娘はとてもよくしてくれました。仕事も楽しかったです。ところが、一カ月経った頃、左足がつり、動けなくなってしまいました。それは妊娠のせいでした。やはりつわりはありませんでしたが、今度は身体を労るようにしました。

仕事は化粧品会社の事務だけにしました。夫は車に乗ることが好きなので、タクシー会社に勤めてからは、よく働いてくれました。生活もどうやら安定しました。会社の友人が、次々に我が家へ遊びにやってきました。

アパートの二階に少し広い部屋が空いたので、私たちはそこへ移りました。

女児出産

昭和四十一年十一月十七日、三千八百グラムの女児を無事出産しました。

夫の父が、恵（めぐみ）と名づけてくれました。元気な子で手がかからず、私は暇を持て余すようになっていました。そして、恵が二歳足らずの四十三年八月六日、次女を出産、望（のぞみ）と名づけられました。

駄菓子屋

以前お世話になった八百屋の奥さんから、「洋ちゃんは商売やったらいい」と、とんでもない話を持ちかけられました。

「あんたにならお金貸してあげる！」

というわけで、その後店までお世話してもらい、駄菓子屋を始めました。パンも売るので早起きをしました。

一歳八カ月の恵と生まれたばかりの望を育てながらの商売は大変なものでした。恵もオムツがまだ取れていませんでした。おもらしすると叱りつけました。赤ん坊の望がむずかると、腹を立て、いつもいらいらしていました。夫にも腹が立ってきて、「思いやりがない！」と責めました。夫は一昼夜勤務だからゆっくりしたいだろうに、それでも恵を車の助手席に乗せ、ハンドル付きの子ども用の椅子をつけて駄菓子の仕入れを手伝ってくれました。

　また、家に風呂もないので、近くの銭湯に連れて行かなければならないのですが、店を閉めてからなので遅くなります。

　望があまりにも泣いてばかりいるので、不思議に思って医者に診てもらうと「お乳が足りない」と言われてしまいました。私は、望を抱きしめて詫びました。それからミルクを飲ませるとぐんぐん大きくなり、安心しました。私はいつも望をおんぶして店に出ていたので、お向かいの奥さんが気の毒がって暇を見ては面倒をみてくれ、本当にありがたかったです。

　しかし、産後の養生もあまりせず働き続けたので、体調を崩してしまいました。借金も返したので、二年後、店は思いきって閉めることにしました。

長屋を購入

駄菓子屋は借金をしての商売だったので、五十万円しか残りませんでした。ちょうどその頃、四条畷の四件長屋の一件が百七十五万円で売りに出ていました。頭金は五十万円です。頭金はぎりぎり何とかなります。それで、その長屋を買うことに決めました。残りはローンを組みました。一階が四畳半の居間と台所、二階は四畳半と六畳の二部屋。六畳一間の部屋から始めた私たちにとって、どれほど幸せだったことか、子どもたちものびのびしてきたようです。

主人もタクシー会社では、食事もゆっくりとらず、食べながら、噛みながら、「噛み噛み走る宏さん」と言われていました。

寝室は、明け番で眠りやすいようにベッドにしました。充分休息をとってからは、子どもたちとよく遊んでくれました。銭湯に行くと恵を入れてくれます。

銭湯は、家のすぐ近くにあったのですが、空き地があって雨が降るとぬかるみになり、これは辛かったです。

その当時、簡易型お風呂のセールスマンが来て、「北斗星バスオール」というものを買いました。北海道の北斗星という会社がつくったもので、行水の四角い桶のような浴槽の周りをビニールで囲い、湯は瞬間湯沸機からとって使うという簡易風呂です。四畳半の炊事場に置きました。狭いのですが、銭湯に行くよりずっと楽でした。その狭い中に、夫と子ども三人で入るのだからすぐにのぼせてしまいます。それでも子どもたちは大喜びで、狭い風呂で遊んでいました。

それを見ていて、幸せというのはこういうものなんだ、家族とはこんなによいものなんだと、涙が出るほど幸せを感じました。

夫の父もよく遊びに来てくれました。やさしいお祖父ちゃんです。

あるとき、私は急にこの幸せが怖くなり出してきました。夫が仕事の日は、眠れなくなりました。

もし火事になったら、恵をこの帯で窓から降ろし、望はおんぶして、こっちの太い帯で降りようなどと考え、帯を二本、いつも枕元に置いておきました。

救急車のサイレンが鳴ると飛び起きる日が続きました。

そして、夜中にとうとう私は倒れてしまいました。夫の会社に電話をかけ、帰宅してもらうと病院に連れて行ってもらいました。でも、頭は冴えているのです。

「私に万が一のときは昭ちゃんに来てもらってね」

と夫に言っていました。もう自分は死ぬと思っていたようです。病院に行くと、自律神経失調症と診断されました。

「かえって仕事をしているほうが、いいのかもしれませんよ」

とも言われました。

そうです、ふたりの子どもの世話だけではものたりなくて、内職をしていましたが、なぜか充実感に欠けるのです。私は何か仕事を探そうと思いました。

その後の実家の様子

秋月の家のことです。

弟は三年間しっかり新聞配達をして、中学を卒業後、造船会社に入社しました。

母は縫製所で検品の仕事をしていました。雇ってくださった縫製所の方には心から感謝しています。妹は商業高校に通い、生活保護を受けながら母娘ふたりでアパートに住んでいました。

ボウリング場

ちょうどその頃、空き地だったところにボウリング場が建設されました。隣の奥さんはすでにその会社に入社していたので、私を紹介してくれ、そこで働くことになりました。

子どもを連れて来てもいいと言ってくれたので、ふたりとも連れて行きました。でも、子どもたちは外で遊ぶほうが面白いから、あまりついてこなくなりましたけれど。

恵は同じ年の、近所の郁子ちゃんの家にばかり行っていました。奥さんもよい人で、「気を遣わずに働いてね」と言ってくださるので、甘えていました。

子どもたちのことを気にしながらも、仕事好きの私は張り切って働いていました。

「杉原さん、正社員になってほしいんだけど、どうかなあ」

あるとき、支配人に言われ、もう胸が躍りました。夫に了解を得て、アパートにふたりで住んでいる母と妹をくどき、我が家に同居してもらいました。妹は高校を卒業後、銀行を辞めて建設会社に勤務していました。狭いところに六人と大人数でした。

そして、昭和四十六年から正社員として働き出しました。

早番は九時半から十七時半まで、遅番は十四時半から二十時半まで。遅番で仕事が遅くなっても早朝から起きて幼稚園に通う娘の弁当をつくり、「お歩きさん」だったので送って行きました。望はいつも恵とばかり遊んでいたので、家から出なくなってしまいました。

恵が小学校に入学したので、望を二年保育で幼稚園に入れました。とにかく、子どもたちを鍵っ子にしなくて済んだのは、母のおかげです。

ところで、郁子ちゃんの一家のことです。

その後間もなく、奈良へ引っ越していき、おばあちゃんだけが残りました。それから一年後、郁子ちゃんのお母さんは、新婚旅行のとき行った海で、入水自殺されたということを聞きました。夫の浮気を苦にしてとのことでした。私はとてもショックを受けました。

プライドの高い人でしたが、とてもいい方で、いつも私の会社の愚痴を聞いてくれました。

「杉原さんは百人中百人に好かれようと思うの？　それはしんどいことよ！」とアドバイスをしてくれたりもしました。

女とは実に哀しいものだと、私は涙を流しました。

一方、私のほうもいろいろありました。

私の公休日は火曜日なので、夫も休日がうまく合うと子どもたちに学校を休ませて、スキーや、泳ぎに連れて行ってくれました。夫の会社では、半年無事故であれば、家族旅行をさせてもらえるのです。そのおかげで、よく家族旅行をしました。

本当に絵に描いたような、幸せな家庭でした。

私はボウリング場で懸命に働きました。いつも疲れてくたくたになって帰ってきました。

入社した当時のボウリング場は大変な客数でした。日曜日は早朝からですが、人手が足りないときは、夜遅くまで勤務することも再々ありました。

そんなときは昼に少し時間をもらい、食事をつくりに帰ります。当時はコンビニなどないので、自分でつくるしかなかったのです。どんなに忙しくても、夜中でも換気扇は洗っていました。

ボウリング場の休みは、大晦日だけ。元旦のお祝いは大急ぎでして、また仕事です。子どもたちに着物を着せるときは、夫も手伝ってくれました。

お正月も七日を過ぎると少し暇になるので、パートの人から休暇を取ってもらいます。私はいつも十日間は働き続けるのが当たり前になっていました。

夜は会員さんの大会が毎日のようにあります。それに団体（会社）の試合が入るとパニック状態。そういうとき、私は主にフロントで場内アナウンスを担当しました。

フロントからピンのトラブルを見つけると、すぐ飛んで行ってレーンに潜り込んだものです。どんなに忙しくても、この仕事は好きでした。

しかしボウリング場の乱立もあって、不況の波はすぐやってきました。従業員も少ないので、何でもやらなければなりません。トイレの掃除、自動販売機内の補充、レーンメンテナンス、男のする仕事でも何でもやりました。

ある雨の日のことです。

このボウリング場にはレストランがなかったので、常連客六人がいつものように、お昼ご飯を飯屋に注文しました。ところが、運んで来てもらうと、一人分が足りないのです。昼時なので「すぐには持って行けない！」と飯屋に言われ、私が店に取りに行きました。

ずぶぬれになって戻って来た私の姿を見て皆さんは「大変だったね！　すんませんでしたなあ〜」の連発でした。

常連さんはとても大事なお客様ですから、こんなことで喜んでいただけるならお安いことです。

私は常連さんも大事にしますが、団体予約で来られた時、幹事さんにいかに楽をさせてあげるか……を考えていました。ゲームが終わって幹事さんから「今日は本当に助かりました！」と一言、言っていただけるのがとても嬉しいのです。

ある日曜日です。

30レーンが全部動いていました。いつものように私がフロントから全レーンを見回していたら7番レーンにトラブルが起きたのです。フロントから飛び出し、一目散に走りレーンに潜りました。そのとき、慌てていてスイッチを切らなかったので、間一髪のところで機械の下敷きになるのを免れました。今、思い出しても血の気が引く思いです。

夫のタクシー会社の方たちも来て投げて行ってくれました。仕事も好きですが、何よりも〝ボウリング〟が大好きでした。

私のボウリングの指導者は夫でした。一日、お客さんと投げることもありますが、十五ゲームくらいはざらです。また、大阪府大会や全国大会にも参加しました。但し従業員なので、個人選には出してもらえませんでした。

当会場でもよく試合に出ました。スカッチダブルス（男女ペア）で、フランス人形が賞品に出たとき、会員さんに参加を申し出て勝ち取ったことが再々ありました。好きなスポーツをしながら仕事ができるので幸せでした。

七年目に関西ボウリング場協会優秀社員表彰式では、紅一点でした。そして、デイリースポーツ新聞に写真入りで掲載されたのです！

また、同じボウリング場で働いていた山田さんのお兄さんと私の妹が、縁あって結婚することになりました。

その後、弟も結婚し、秋月のほうの心配もだんだんとなくなっていきました。

四、明日のために

夢の一戸建て住宅を購入

昭和五十二年頃は、家が高く売れる時期でした。「百七十五万円の長屋が五百二十万円で売れる」と教えてくれた人がいました。それなら真剣に考えてみようと思ったのです。子どもたちに聞くと、「学校を変わってもいいから、今より大きい家に住みたい！」と言いました。私たちは、思い切って家探しを始めました。

ボウリング場より少し離れたところに、角家がまだ売れずに残っていました。角家は他より二十万高いので売れていないとのことです。千二百六十万円の家です。残りはローンを組んでもらおうとしましたが、あと七十万円足りません。買うのをあきらめていると、子どもたちも「私らのお年玉の貯金、使ってもいいからね！」とまで言ってくれるのです。どうしたものかと考えあぐねていました。

ボウリング場で誰に言うでもなく「家はやっぱり買えない」と言うと、副会長の大泉さんが、「あきらめるのはまだ早いよ」と言って、なんと翌日、奥さんがお金を持って来てくださったのです！　子どもたちも大泉さんになついていたので、何とかしてあげたいと、奥さんに相談されたようです。厚かましくも、私は借りることにしました。本当にありがたいことでした。

同年、夫、三十七歳、私、三十八歳の夏、ようやく念願の一戸建てを購入することができました。今度は、ちゃんとお風呂のある家です。子どもたちも喜んでいました。引越し前に妹が嫁いでいったので、母は弟と同居することになりました。

初めて一戸建て住宅に住める悦びは格別でした。忙しかったけれど、しみじみと幸せを感じました。

T病院

ボウリングの会員で建設会社に勤めていた久米さんという方がいました。会社を辞めて自分で会社を興すということ、事務員を探しているということを聞きました。この方の奥さんからボウリング場に電話が入ることがありましたが、冷ややかな口調で何とも厭味な感じの人だなあといつも思っていました。久米さん自身は、物腰のおだやかな人です。

ある日、私は思い切って冗談半分で、「その事務員、私では駄目ですか？」と言ってみたのです。

「願ってもないことだけど、支配人が離しませんやろ！」と久米さんは笑っていました。私は考えました。この仕事（ボウリング場）は、土曜日も日曜日も、盆も正月もありません。むしろ世間が休みのときこそ、忙しいのです。

夫に相談すると、「自分が好きなようにすれば」という返事でした。

久米さんに「働かせて欲しい」と再度願い出て、雇ってもらえることが決まりました。支配人に訳を話し、いよいよボウリング場を退職することになりました。ボウリング場には九年間勤務しました。とても思い出深い日々でした。

久米さんの事務所は新しいので、事務用品から食器類まで揃えなければいけません。その買いものに夫にも付き合ってもらい、それから吹田にある事務所に向かいました。するど、久米さんの奥さんが来ていました。私の前に立ちはだかると、「貴女、どんなつもり！」といきなり言いました。

久米さんが静かに「私が無理言って、来てもらうことにしたんだから」と言うと、「ふたりは前から相当の仲なんでしょ！　ボウリング場であんなに活躍してる人が、急にこんなところへ来るはずがないじゃありませんか。ここの事務所は私がやりますから貴女は帰って！」と奥さん。

私はもう腹が立って仕方ありませんでした。久米さんに対しても腹が立ちました。「私は今までいろんなところで働いてきました。辞めないで欲しいと言われたことはありましたが、働く前に辞めてくれと言われたのは初めてですわ！」

と捨て台詞を残して去りました。

その日から失業です……。

後日、久米さんはいくばくかのお金を包んでお詫びに来てくれました。働かずして退職金をもらったのは初めてです。心身ともにクタクタになりました。

そのうち体調を崩し、神経もおかしくなり、またまた自律神経失調症になりました。めまい、吐き気、脱力感があり、人と話すのが嫌で、家事さえろくにできません。布団をかぶって寝ている日が多くなりました。

そんなとき、望が仲良くしてもらっている友だちのお母さん、田辺さんと山口さんがお見舞いに来てくれました。食事もつくってくれました。しかし、それでも立ち上がれないのです。

やがて、田辺さんが、「いいかげんにしなさい、何、甘ったれてるの！」と私を叱咤しました。ふだんはおとなしくて美人な人が怒ったので、私は吃驚してしまいました。でも、おかげで次の日にはもう彼女たちと会話ができるようになりました。それから、山口さんと卓球をしに、岡部小学校の体育館へ出向くようになりました。

こうして、ふたりのおかげで立ち直ることができました。そして、また私の働き虫が動き出しました。

今までは人様のお世話で仕事をさせてもらったから、今度は自分で探そうと思いました。そのほうが気が楽だからと考え、募集のチラシを見て仏壇の会社に応募しました。審査が厳しかったようですが、数日後、採用が決まりました。

初日は、制服を着て位牌や飾ってある品々の埃を取る仕事でした。初めての仕事が終わり帰宅すると、ボウリング場の副支配人の奥さんの石山さんから電話がありました。ボウリングが不況になってからは、病院の栄養士になった方です。

「病院の給食課で働かないか」という話でした。ひと晩考え、病院で働くことに決めました。仏壇の会社には理由をつけて、すぐに辞めさせてもらいました。

昭和五十五年十一月十七日に入所しました。ちょうど恵の誕生日でした。その日から白い上着を着て給食のおばさんになりました。

入所した日、皆さんにご挨拶するため、石山さんに連れられて休憩室に入ると、主任の池田さん（男性）と、他にも数人いた中で、ブラジャーひとつで、「あー、暑い、暑い！」と言いながら、窓を開けている女性がひとりいました。

その大胆な姿を見て、こちらのほうが目を逸らしてしまいました。

しかし、ここまで来てしまったからにはやらねばならない！と決心して、それから、働き者の私はガムシャラに働きました。

今まで女性の中だけで働いたことはありませんし、また集団の中で働いた経験もないので、相変わらずマイペースだったようです。休憩時間は、ガスレンジを磨いたりしてせっせと身体を動かしていました。

数日後、ある人から「あんたなあ、自分はきれい好きでやってるのか知らんけど、休み時間までガタガタやられたら、こっちはたまらんわ！」と一喝されました。仕事をやって人に怒られたのは初めてです。ここから集団生活の勉強が始まりました。

給食の仕事は、朝、昼、晩とつくるので、勤務も早出と遅出に分かれます。早番は六時からなのですが、年配者は五時半には病院に入っています。新米の私がそれではいけないと思い、五時過ぎには入るようにしていました。車で通勤できたので、早朝の出勤も可能でした。

実は初めての子を亡くしてからは、車の運転はやめていました。でも、ボウリング場にいたとき、営業もやっていたので、また運転するようになり、そのおかげで慣れていたのです。

朝の仕事は前夜の食器洗いから始まります。

それで、自分が早番の前日、夜こっそり病院に来て、食器を洗っておきました。すると、また「気に入らん！」と言われてしまい、石山さんからも「それはしないほうがいいよ」と注意を受けました。

集団の職場はやり過ぎは絶対にいけない、ということを知りました。

すべて先輩に従ってやるのが一番です。一日の仕事は、特に誰が何をすると、はっきり決まっていません。私は、仕事の中で一番辛いのは冷凍の魚をさばくことだ！と自分勝手に思い、ベテランの五十過ぎの人がやってるそばについて教わっていました。でも、これもいけないようでした。

何をどうやってもいけないことばかりで、神経が参りそうでした。

翌年二月、肺炎で入院してしまいました。その間に、新しい人がひとり、入所してきました。私より三歳年上です。美人でとても賢そうな人でした。私は退院後、また働き始めました。このときから、彼女の存在によっていろいろな面で助けてもらうことがたくさんありました。

彼女は、この仕事は初めてだというのに、何をやってもできる人でした。

そうなると先輩たちはあまり面白くないようでしたが。とにかく、私との違いは、何をやってもできるけれど、出過ぎたことはせず、皆との和もちゃんと取れることでした。実に賢い人だったと思います。彼女が来てから、すべて当番制で仕事の分担をきちんと決めてやることになりました。

私も前ほど辛いと思わなくなってきました。彼女は離婚後、ふたりの子どもをかかえていたため、働かざるを得なかったそうです。家が近かったので、早番のときは一緒に出勤しました。

他にも感じたことがあります。他の人から、ちょっとしたものをいただくと、すぐにではなくても、必ずお返しをするのです。私はめったにしません！　そんなところも違うのだと思い知らされました。

悲しいことに、私は次の年もまた入院することになってしまいました。皆に迷惑がかかるし、気兼ねもあります。その後、石山さんに「何とか頑張ったけれど、辞めたい」と申し出ました。

それからしばらくしてから、事務長と石山さんに呼ばれました。

「管理棟の掃除をやっていたおじいちゃんが病気で倒れたので、炊事場から誰かひとり欲しいと言われているんだけれど、杉原さん、どう？」

「はい！　掃除なら好きですからやらせて欲しいです」

私は即答しました。次の日から三階にある管理棟で掃除をすることになりました。ここでは、定年をはるかに過ぎた女性がひとりいました。その人に教わりながら、院長室、事務長室、総婦長室、医局、応接室、電話交換室を掃除するのです。私は事務長の来客のお茶運びも任せられましたが、とても楽な仕事です。

数日後、また事務長に呼ばれました。

「君は電話の交換手にならんか？　今の交換手のひとりを医局秘書に持っていくから」

凄い話になってきたと思い、「交換手の免許ありませんので」と言うと、次長に話しておくから交換手の学校へ行ったらよいとのことでした。今までにない待遇です。私は、早退して学校へ通わせてもらうことになりました。

電話交換手

昭和五十八年六月から、管理棟で電話交換手として勤務することになりました。交換室は広々とした部屋でした。そこにいるふたりに挨拶をしました。

その日から見習いなので、懸命に教わりました。主に、服部さんに教えてもらいました。でも間もなく、医局秘書となって異動してしまいましたが。

もうひとり、一緒に仕事をするのが早坂さんです。

交換手の勤務時間は、朝九時から夕方五時二十分まで。早番と遅番に分かれています。交換台につくのが九時か十時のどちらかで、一時間交代。事務長の来客時のお茶運びは、手の空いてる者がします。はじめは気を遣いましたが、電話は顔も見えないし、親切に答えたらいいだけだし、院内放送はボウリング場で馴れているし、あまり苦労はありませんでした。今までの仕事に比べたら、あまりにも違い過ぎます。

それでも給料やボーナスは、一般企業に比べたら凄い差です。こんなところもあるのだなと思いました。仕事も馴れてきた頃、四条畷に図書館ができました。今まで本が読みたくても時間がありませんでしたが、一時間交代で休憩があるので、読む時間は充分あります。神様は私にこんなご褒美をくださったのだ！と思ったものです。

バドミントン

交換の仕事は運動不足になります。早坂さんが市民グラウンドでテニスを習っているので、私も申し込んで秋口から始めることになりました。

しかし、テニスを始めて半年が過ぎ、春の日差しが照りつけるようになった頃、耳から首にかけて紫外線アレルギーが出てきました。外でのスポーツは無理とあきらめました。

他にも、各地区で盛んにスポーツ教室は開かれていました。

四条畷では、バドミントン教室が西中学校で開催されていたので、行ってみました。

それまではバドミントンとは、羽根突きの親分くらいなものと思っていたので、そのハードさに驚きました。

バド教室が終わってから西中学校へ練習に出かけるようになりました。

そのとき、四十四歳と七カ月のことでした。

バド教室は四条畷市民であれば、誰でも練習に参加できるので、松下の社員であったり、また会社の実業団でバドミントンをされている凄く上手な方も私たちと一緒に練習をしていました。夜六時半に体育館に行くと、責任者である男性がいつもネットを張って準備しています。私も早く行き、お手伝いします。その方に教わったり、また、松下の社員の方に教わったり、いろいろな方にお願いして練習を続けました。

しんどいけれど、やればやるほど面白さがわかってくるのでした。このしんどさはどこかで経験したような気がする……と考えていると、そうだ！　中学生のとき、雪の上で土谷先生と真二さんに、レシーブの指導を受けていたときのしんどさに似ているんだと思い出しました。しかし、あのときは中学生、でも、今はおばちゃんです！　無理かもなあと思いながらも、やめる気はなく、毎週火曜日には練習に出かけました。

こんなおばちゃんでも一生懸命やっていると、男の人は教えてくれるので、とってもありがたかったです。一週間に一度ではもの足りなくなり、二回になりました。どこの会場も早く行ってネットを張り、準備します。六時半から九時まで体育館を借りているので、少しでも早く行くとそれだけ練習ができます。

練習を終えた後は必ず掃除をしました。シャトルコックを使うので、散らかるのです。どこの体育館もほうきやちりとりが一定の場所に置かれていないので、自分用の掃除道具やごみ入れの袋をいつも車に入れて持ち歩いていました。

一年に何回か、四条畷連盟の試合があります。初めて参加してからは、益々練習に励むようになりました。もうそうなったら、どうにも止まらない！　夫はタクシーに乗っているので、隔日勤務、交換手の仕事は体力を使わないし、願ってもない毎日でした。バドと出会ってからは本当に幸せでした。こんなに幸せでよいのか？と、ふと怖くなることすらありました。中学生のとき、バレーボールの練習が思う存分できなかったので、神様が今与えてくださったのだと思いました。

そして、五十三歳で大阪府家庭婦人バドミントン連盟に入会させてもらいました。女性ばかりの中で気は遣いますが、好きなバドができるので、そんなことは気になりませんでした。ここでは、前期、後期に分かれてリーグ戦があります。このときは皆ひとつになって、応援します。もう楽しくて楽しくて、青春真っただ中！という感じでした。練習のとき以外にも皆で飲んだり食べたり、おしゃべりしたり、もう幸せで胸がいっぱいでした。

そして夢にまでみた合宿が実現しました。三重県の方々と交流試合をするのです。海の近くに宿泊します。合宿を経験したことがない私は、まるで修学旅行気分でした。ほとんど寝ずに、交流試合に挑みましたが、しんどくも何ともありませんでした。そのとき五十八歳、どこへ行っても最高年齢者の私でした。遅い青春ですが、今だからこそ素晴らしいのかもしれません。

バドのおかげで、どんな嫌なことも吹き飛ばすことができました。

仕事においては、相方の早坂さんがとっても気さくなのでやりやすく、マイペースな私の好きなようにさせてくれました。

早坂さんも、ゴルフ、テニス、バレーボールと多趣味なので、休暇をよくとります。だから、私もリーグ戦の時は休ませてもらいやすかったので助かりました。

私は、台風のときもいち早く出勤しました。珍しく大阪に雪が降って、電車も不通になったときは、四、五キロの雪道を歩いて出勤しました。

早坂さんは知らないはずです。

「目が覚めて外見たら雪でびっくりしたあ」

と、まあこんな調子なので、私は楽でよかったのです。

他に職場で親しくさせてもらっていたのは、栄養士の久美子さんと千秋さん。ふたりとも花の独身です。私とは二十三歳違い、親子ほども離れています。

この娘さんたちとプールへ泳ぎに行ったり、食事に行ったり、夫を交えて東北や北海道へスキーに行ったりしたこともあります。最高の若きフレンドです。

もうひとり、十九歳下でバッイチのバド仲間がいます。リーグ戦でパートナーとしていつも組ませてもらうので、そこそこのゲームができたのは彼女のおかげです。

もうこの頃はバドミントン一色でした！


平成十一年、私は六十歳、病院の仕事は、いつの間にか定年を迎えようとしていました。定年を一年間延長させてもらい、勤続二十年表彰をいただくことができました。

結核予防会の総裁はある皇族妃なので、このときは東京のホテルニューオータニでご一緒の食事会に参加させていただきました。ひとつのテーブルで、代表者がひとり答えるようになっていたのですが、思いがけず私に「何をされているのですか?」と直接話しかけてこられたので、驚きました。

「はい電話の交換手をしております。定年延長させていただき、この日を迎えることができました。感無量です」

とお答えしました。違う世界を見せてもらい、感じ入っていました。

それから一カ月後、定年延長をもう一年させてもらおうと、早坂さんにまず手紙で願い出ました。気持ちよく受けてくれると思いきや、「ご主人が二回も入院して、お母さんも長いこと入院できて、その上勤続二十年表彰まで行かしてもらって、まだ……」と怖い顔で言われました。意外な言葉に私は唖然としました。

「もう先に事務長に頼んであるんでしょ！」とも言われました。

そうです、夫が二度目の手術で入院中だったのです。

夫の病室に娘たちも来ていたので話すと、「お母さんは我慢できないやろから、辞めたほうがいいで」と言われました。私もそう思うようになり、すぐ事務長に話して、有給休暇を全部使わせてもらい、夏季賞与までいただき、病院を去りました。

後で気がついたのですが、早坂さんはやはり私の性格に疲れていたのだと思います。

子どもたち

子どもたちは、あまり親に苦労をかけることもなく育ってくれました。大きくなると、家族そろってスキーや海水浴、バーベキューなどいろいろなところへ出かけました。

やがて恵は高校を出て専門学校に、望はバスケットボールをしたいと短大に進学しました。卒業後は、恵は宝石の問屋に、望はスポーツクラブにそれぞれ就職しました。

私も一度そのスポーツクラブに行かせてもらったことがあります。いろいろなマシンを使わせてもらいました。その中に、天秤棒を担ぐようなのがありました。何もわからずに全部おもりを乗せたまま担ぎ上げたら、スタッフの人が望を連れて飛んで来て、「お母さんが全部……」と言って絶句していました。小さいときから水汲み、肥え汲みやらをしていたため、力があるのです！　我ながら驚きました。

夫とのこと

平成八年、夫は五十六歳の春に直腸癌にかかりました。手術で人工肛門となりました。その前から、タクシー会社は不況で仕事のほうに力を入れなくなっていました。医療費は、私が病院に勤めているので無料です。保険も入っていたので、何とか生活はできました。しかし、退院してから仕事に行こうとしないのです。

まだ定年六十歳には間がある。私はいらだったけれど、口に出せませんでした。手術の前から給料は、ほんとに少ないのです。けれど、夫は知らん顔をしている……。

私がそこそこの給料とボーナスで補っていました。以前からアマチュア無線をやっていて、しゃべるのが好きなので、いつも大きな声でしゃべっていました。また、パソコンにも夢中になっていました。しばらくして仕事には行くようになったけれど、水揚げ（お客さんを乗せての料金）はひどいものでした。病みあがりだからと、私は我慢していました。

最初の手術から二年後、腹圧のため人工肛門が飛び出した状態になり、再び手術することになりました。

　二度目の手術は当然同じ、私の勤めている病院です。お金のほうの心配はいりませんが、職員の方々には気を遣います。昼休憩時間と仕事の帰り、病室に顔をだします。主人はのんびりとした性格なので、病棟でも大声で話していました。術後の快復が驚くほど早かったのは良かったのですが、元気になると、同じ病棟の患者さんの誕生祝をするようになったのです。病人は、皆、さびしく辛いわけですから、大変喜ばれていました。空き部屋に集まってやっていたようですが、皆さんも楽しいものですから、毎日、集まってはごちそうを買って来て、行うようになっていました。当然、他の人から苦情が入ります。私は医療科長に呼ばれ注意を受けます。一部の看護婦からはイヤミを言われ、消え入りたい気持ちにもなりました。

　でも、この中に癌末期の女性患者がおり、私に「この病院で長い間入退院を繰り返してきましたが、こんなに楽しい日々は初めてでした！」「杉原さんに感謝してます」と話してくれました。

その女性は主人の退院二カ月後に亡くなられました。いやな思いをしましたが、この方にとっては幸せだったのだから、主人のしたことは、悪くないのかも……むしろ、よいことをしてあげたのかもしれません。

退院した主人は、なまけグセがついたのでしょうか、体調が元に戻っても、働く気力は湧かないようでした。仕事に出てみても、タクシー業界も不景気風。そうなるとやる気もなくなるのでしょうが、私は仕事と家事を懸命にやっているのです。主人は毎日毎日、無線でおしゃべり、夜中はパソコン三昧。私のイライラは増すばかりです。やっと仕事に出るようになっても水揚げが悪いため、給料は最低でした。

私は六十歳定年を一年、延長させていただいた後、退職。失業保険を受けていました。一年後に主人が六十歳で定年、退職。平成十三年一月、それから年金生活に入りました。主人はその後、会社の嘱託にさせていただいたのですが、仕事に対する熱意はありません。

私のほうは、失業保険が止まった途端に職探しを始めました。ところが六十歳以上の職場はどこを探してもありません。あきらめかけていたのですが、職安で、「この会社は五十五歳くらいまでとなっていますが、絶対にダメなんでしょうね！」と職員に問いますと、私を一見して、「行ってみられてはどうですか？」と言ってくださったので、思い切って、面接に行くことにしました。伺う前に電話で、年齢を聞かれたので、「六十二歳です」と答えると、少し驚かれた様子でした。

でも、当たってみるものです、採用になりました。仕事は昼食の用意（調味料などをテーブルに並べる）、簡単な掃除などでした。夏の冷茶づくりは大変ですが、大変なことは、それだけです。平成十三年九月二十九日、ちょうど、暑い時期が過ぎてからの入社でしたから、とても楽な仕事でした。掃除好きな私にぴったりなのです。一つ一つ、自分勝手に考えて掃除をしますが、誰にも気を遣うことがありませんので、楽しくて仕方ありません。

社員八十人中、女性は四人だけ。実に働きやすい会社です。朝は九時までに会社に入りますので、八時三十分に家を出て、午後二時四十五分には終了。無理なく働くことができるので、願ってもないことでした。時給ですから、一生懸命働きました。

仕事大好き、働くことが生きがいの私と反対に、主人は相変わらず無線とパソコンの毎日。家のことを何ひとつ手伝うこともなく……。私はどうして、こんな男《ひと》と結婚したんだろう……、そんなことばかり考えるようになりました。

私は幼い頃から誰かのために……で、生きてきたような気がします。不幸な日々ばかりではありませんでしたが、この年齢になると自分が大切に思えてくるのでしょうか、今度は自分のためだけに生きてみたい！　そのためには離婚しかない！　とんでもないことを考えるようになりました。

主人に対して憎しみを抱いているわけではないのですが……、「結婚はしない！」と口ぐせのように言っていた長女が結婚することになったことにも、私の心は動かされたのです。

長女が入籍をした十月十五日の一日後、十月十六日、離婚届けを出しました。

十月二十四日が三十九年目の結婚記念日でしたが、その日まで待つ気になれませんでした。

長女は何も知らず名古屋に嫁いで行きました。母親として懸命に生きてきましたが、この期に及んで汚点をつくり、母親失格となってしまいました。未だ次女が嫁に行っておりません。胸が痛みます。しかし、少なくとも三年間、悩み抜いた結果です。

これからの自分自身のために

離婚してから二カ月が経ちましたが、娘たちに心の中で手を合わせ詫びている毎日です。ひとりになってから間もなく体調を崩し弱気になりましたが、友人が次々と見舞って、励ましてくれました。意外なことに、バドミントン仲間から、私が離婚したことで、「勇気をもらいました！」と言われ、この言葉に驚いてしまいました。

「定年離婚」と聞いていましたが、私自身が体験するとは思いませんでした。「ひとり暮らしが寂しくない」と言えば、ウソになりますが、バドミントンの仲間や踊りの会の仲間が励ましてくださるからこそ、寂しさを感じることなく楽しく過ごすことができます。私にはこんなに素晴らしい友だちがいたんだ！　ありがたいです。「友だちは宝物」だと実感しました。郷里（北海道）には幼馴染がいます。やはり心配しながらも励ましてくれています。

皆さんに心から感謝しつつ、元気に、明るく、明日に希望を持って生きていこうと思っています。

著者プロフィール

秋月 洋子（あきづき ようこ）

1939年（昭和14）9月8日、北海道に生まれる。

明日《あした》がある

2003年4月15日　初版第1刷発行
2012年9月25日　初版第2刷発行

著　者　秋月 洋子
発行者　瓜谷 綱延
発行所　株式会社文芸社
〒160-0022　東京都新宿区新宿1－10－1
電話　03-5369-3060（編集）
03-5369-2299（販売）
振替　00190-8-728265

印刷所　図書印刷株式会社

ISBN4-8355-5489-2